EL INGLÉS
animado por

Walt Disney

HARRAP

Concebido y realizado por BOOKMAKER
Dirección Editorial: Marie Garagnoux y Patrick Michel H. Dansac
Asistente: Françoise Avril
Redacción: BOOKMAKER
Traducción: Maggie Doyle y Elida Mannevy
Colores de los diseños: Jean-Pierre Sachse
MAQUETA: Concebida por Claudine Roy
               Realización: Michèle Andrault y Monique Michel-Dansac

Otros colaboradores: Sylvie Decaux, Dominique Bluher, Brian Mott, Béatrice Leroy, Christine Ehm,
                          Régine Ferrandis, Mathilde Kemula, Soledad San Miguel y Catherine Chevalot.

Fabricación: Véronique Celton

Fotocomposición y fotograbado: Charente Photogravure

PRIMERA EDICIÓN — 4ª reimpresión

This edition of *El inglés animado por Walt Disney*
© The Walt Disney Company 1991
is published by Ediciones Larousse, S. A. de C. V.
Dinamarca núm. 81, México 06600, D. F.

© D. R. 1994, por Ediciones Larousse, S. A. de C. V.

by arrangement with Chambers Harrap Publishers Ltd. for sale in Chile, Peru, Bolivia, Argentina, Uruguay,
Paraguay, Colombia, Ecuador, Venezuela, Panama, Costa Rica, Nicaragua, Honduras, El Salvador, Guatemala,
Dominican Republic, Puerto Rico and Mexico only.

ISBN 0 245-50198-3   (The Walt Disney Company)
ISBN 970-607-427-9   (Ediciones Larousse, S. A. de C. V.)

Impreso en México — Printed in Mexico

Al lector

Mickey, Donald y todos sus amigos te invitan a descubrir la lengua inglesa, con la ayuda de historietas que te iniciarán en el conocimiento de la lengua hablada.

En cada página, una de las viñetas de la historieta se ha ampliado y modificado (¡si quieres, puedes entretenerte buscando los cambios!) y a su alrededor se han señalado las palabras importantes que tienes que recordar.

Antes de entrar en el mundo de estos simpáticos personajes, lee detenidamente las instrucciones de la página 5.

La advertencia de la página 4 está dirigida a los padres y a los profesores.

Advertencia

El libro *El inglés animado por Walt Disney* es un vocabulario destinado a los niños de 8 a 13 años que empiezan a aprender la lengua inglesa. Este vocabulario contiene 1 000 palabras de todas las formas gramaticales (nombres, verbos, adjetivos, adverbios...), seleccionadas por un grupo de especialistas en la enseñanza del inglés.

Las palabras y las frases que proponemos, se han escogido de acuerdo con los programas de estudio, pensando en los temas de interés y en la vida diaria de los niños de 8 a 13 años.

Este libro tiene un doble objetivo: proporcionar un vocabulario básico y dar a conocer los modismos ingleses más usuales. Por ello se ha organizado de la siguiente manera: cada página comprende una gran ilustración en la que figuran las palabras que se van a aprender y una historieta que brinda, a través de sus diálogos, diferentes expresiones idiomáticas.

Igualmente, el libro proporciona al joven lector una serie de referencias útiles:

• La organización en campos semánticos presenta cada concepto dentro de un contexto preciso, a la vez lingüístico y visual, lo que permite que cada palabra no pierda su sentido en relación con quienes se puede asociar.
• A través de este vocabulario, el lector descubrirá ilustraciones inéditas creadas en los estudios de Walt Disney, y encontrará a sus protagonistas predilectos. Calidad gráfica, facilidad de lectura y una información rigurosamente seleccionada han sido la tarea y preocupación de los autores.
• En el apéndice se incluyen las bases indispensables del idioma: verbos irregulares, números, etc.
• Al final de la obra se encuentran dos índices bilingües que constituyen un diccionario completo de los vocablos que figuran en este libro. Asimismo, el niño podrá conocer la pronunciación figurada de las palabras de una manera muy accesible. Hemos elaborado una transcripción fonética adecuada para los niños.

Este libro con los personajes de Walt Disney es, ante todo, una divertida introducción para aprender el idioma inglés.

Cómo utilizar este libro

Las 1 000 palabras que incluye este libro están repartidas en diez temas, cada uno de ellos clasificado por capítulos.

Para descubrir las palabras relativas a cada tema, es necesario consultar las páginas 7 a 93:

En la primera página de cada capítulo aparece una relación de los temas. Por ejemplo, en la página 7, dedicada a la casa, figuran los apartados siguientes: el jardín, la casa, en la casa, el cuarto de estar, el dormitorio, en la cama, la cocina y el cuarto de baño.

Página tras página se ilustran los temas con un gran dibujo rodeado de palabras o frases en inglés, acompañadas de su correspondiente traducción al español. En ocasiones también encontrarás otras palabras que significan lo mismo y que usan niños de diferentes países, pues no siempre en todas partes se emplea la misma palabra para la misma cosa (observa abajo **grocer's shop**). Queremos que todos los niños de habla hispana se acerquen a este libro y lo disfruten al máximo.

Debajo del dibujo aparece una historieta con diálogos en inglés; la traducción se encuentra en la parte inferior de las viñetas.

traducción de los diálogos (los textos que se encuentran en un recuadro son los rótulos que aparecen en la historieta)

Las palabras utilizadas en el vocabulario y su traducción se encuentran en los índices (págs. 101 a 111) y están clasificadas por orden alfabético. Si se quiere buscar la traducción de una palabra, deben consultarse los índices como se consulta un diccionario (sólo se ha incluido en español la primera palabra que se usa cuando hay varias que nombran la misma cosa).

De la página 95 a la 99, se han relacionado los verbos irregulares, los números, los días y los meses, así como también un cuadro de signos de pronunciación.

En ocasiones encontrarás entre la viñeta grande y la historieta un recuadro con palabras que en las frases están marcadas con asterisco (*). En ese recuadro se indica la manera como se usa esa palabra en otras partes del mundo habla hispánica, así que (además del nombre en inglés) podrás saber cómo le llaman a ciertas cosas los niños de otros países.

The teacher watches the children during playtime.
El maestro vigila a los niños en el recreo.

He is running
Él corre.

The children are dancing in a ring.
Los niños hacen una ronda.**

He is playing marbles.
Él está jugando a las canicas.*

Morty has put his books on the ground.
Morty puso sus libros en el suelo.

He is Morty's friend.
Él es amigo de Morty.

It is playtime.
Es la hora del recreo.

The children are having fun.
Los niños se divierten.

*Las *canicas* reciben también el nombre de *bolitas*.
**Una *ronda* también recibe el nombre de *corro*.

Por último, hemos usado los nombres de los personajes de Disney que durante mucho tiempo se empleraron en las historietas en Hispanoamérica. Esta es una lista de los personajes cuyos nombres cambian:

inglés	español
Goofy	Tribilín
Gladstone	Pánfilo Ganso
Huey	Hugo
Dewey	Paco
Louie	Luis
Minnie	Mimí

Donald, Mickey, Daisy y Morty conservan sus nombres originales.

the house • la casa

the garden • el jardín

He is planting a tree.
Él está plantando un árbol.

rake
el rastrillo

watering can
la regadera

shovel
la pala

hedge
el seto

lawn
el césped o pasto

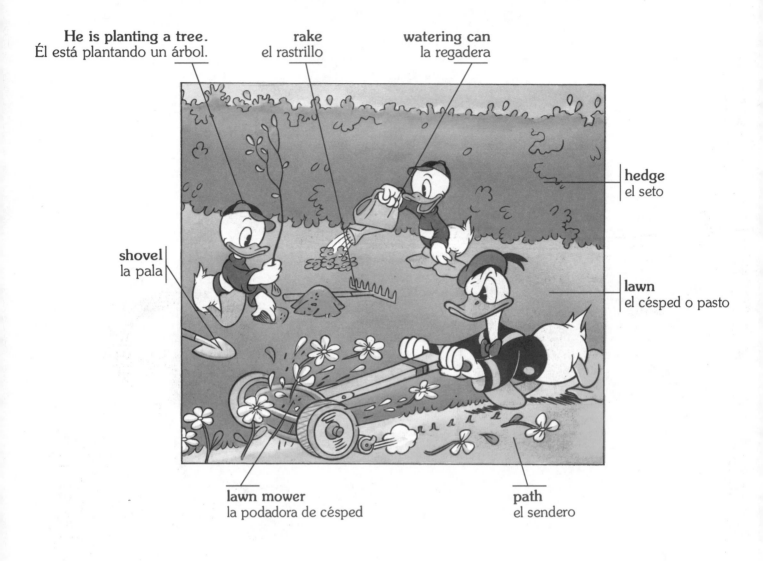

lawn mower
la podadora de césped

path
el sendero

Huey is watering the flowers.
Hugo está regando las flores.

It is springtime. They are in the garden.
Es la primavera. Ellos están en el jardín.

– ¡Adiós, Donald! ¡Hasta pronto!
– ¡Hasta la vista, Daisy!

Donald

– Me quiere... no me quiere... Me quiere... ¡No me quiere!

the house • la casa

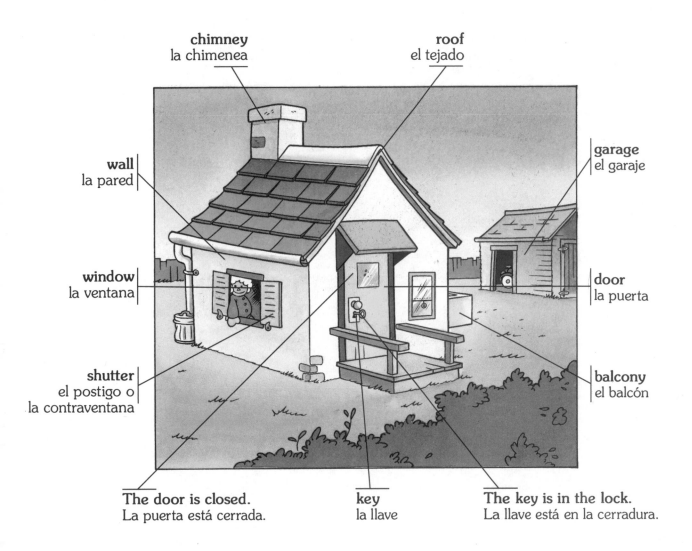

chimney
la chimenea

roof
el tejado

wall
la pared

garage
el garaje

window
la ventana

door
la puerta

shutter
el postigo o
la contraventana

balcony
el balcón

The door is closed.
La puerta está cerrada.

key
la llave

The key is in the lock.
La llave está en la cerradura.

Donald cannot live in this house.
Donald no puede vivir en esta casa.

– ¡Qué casa tan bonita!
Se alquila

– ¿Quiere alquilar una casa? Yo
puedo venderle una por sólo 150
dólares...
– ¡Imposible! ¡No se puede comprar
una casa por ese precio!

– ¿No me cree?
¡Aquí tiene el
título de
propiedad!

– ¡La compro!

Casa de muñecas
Se alquila

in the house • en la casa

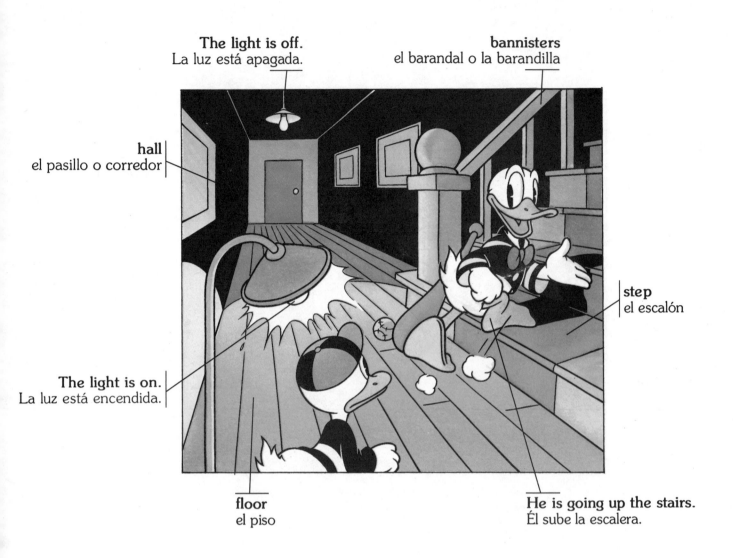

The light is off.
La luz está apagada.

bannisters
el barandal o la barandilla

hall
el pasillo o corredor

step
el escalón

The light is on.
La luz está encendida.

floor
el piso

He is going up the stairs.
Él sube la escalera.

The hall is narrow and dark.
El pasillo es estrecho y oscuro.

– Tenemos miedo...
– ...está demasiado...
– ...oscuro allá arriba...

– ¡No se asusten! ¡Mírenme!

the sitting room • el cuarto de estar

Donald is reading a book.
Donald está leyendo un libro.

vase
el florero

television
la televisión
o el televisor

armchair
el sillón

fish bowl
la pecera

telephone
el teléfono

stereo
el estéreo

The armchair is comfortable.
El sillón es cómodo.

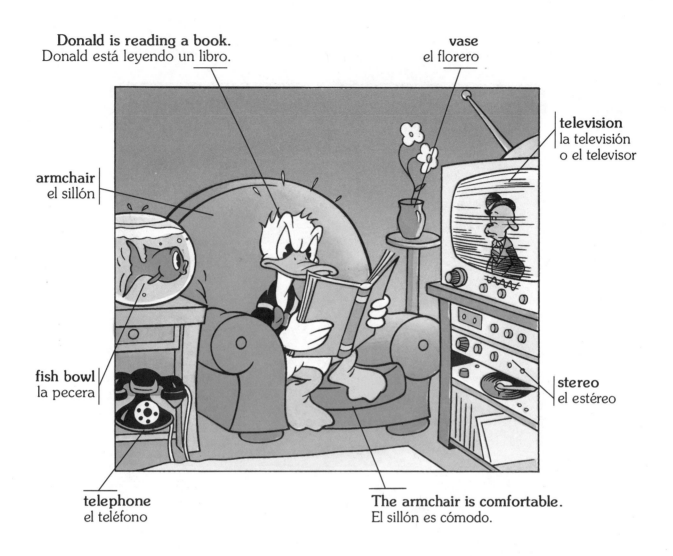

Donald is sitting down.
Donald está sentado.

The goldfish is watching television!
¡El pez está viendo la televisión!

– ¡Este pez me está volviendo loco!   – ¡Deja de mirarme!

the bedroom • el dormitorio

The alarm-clock is ringing.
El despertador está sonando.

lamp
la lámpara

wardrobe
el ropero o armario

blanket
la manta, frazada o co

alarm-clock
el despertador

sheet
la sábana

night-table
la mesita de noche,
mesa de luz o buró

mattress
el colchón

rug
la alfombra o el tapete

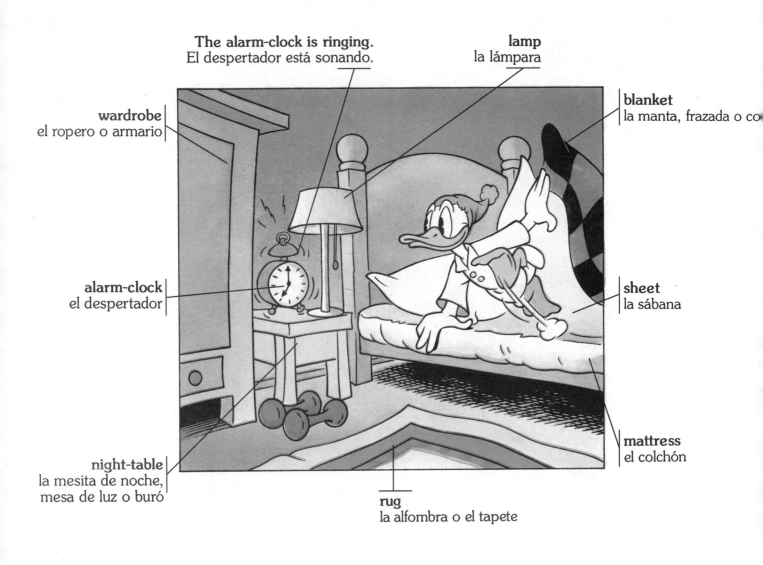

Donald is getting up.
Donald se levanta.

He will go back to bed soon.
Pronto se acostará de nuevo.

– ¡Es hora!

– Un poco de ejercicio...

– ...para despertarme...   – ¡Uf!

in bed · en la cama

Donald is tired. He is yawning.
Donald está cansado. Bosteza.

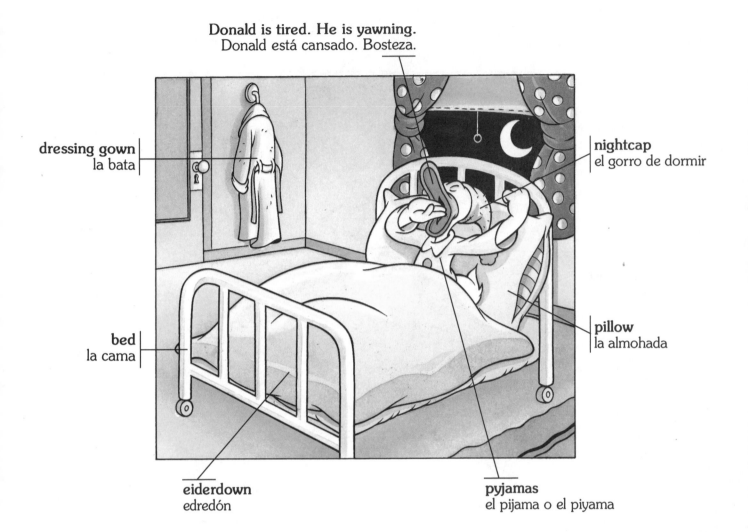

dressing gown
la bata

nightcap
el gorro de dormir

bed
la cama

pillow
la almohada

eiderdown
edredón

pyjamas
el pijama o el piyama

It's late; it is night time.
Es tarde; es de noche.

He is going to sleep.
Él se va a dormir.

- ¡Sal de aquí, horrible animal!
Déjame dormir!

the kitchen • la cocina

Donald is cooking
Donald está cocinando.

saucepan
la cacerola

shelf
el estante

stove
la cocina o la estufa

sink
el fregadero

oven
el horno

sponge
la esponja

garbage can
el cubo o
bote de basura

cupboard
la alacena

stool
el taburete o banquito

He broke a plate.
Él rompió un plato.

The glasses are kept on the shelf.
Los vasos se colocaron en el estante.

The dishes are not done.
Los platos no están lavados.

– Es hora...
– ...de tomar nuestro...
– ...medicamento, tío Donald.

– Vaya sorpresa... ¡Me extraña que
no pongan mala cara!
– ¡Mmm!

– ¡Hasta luego!
– ¡Hasta luego! Este pastel estará
mejor con un poco de crema...

– ¡Puf! ¡Ah!

the bathroom • el cuarto de baño

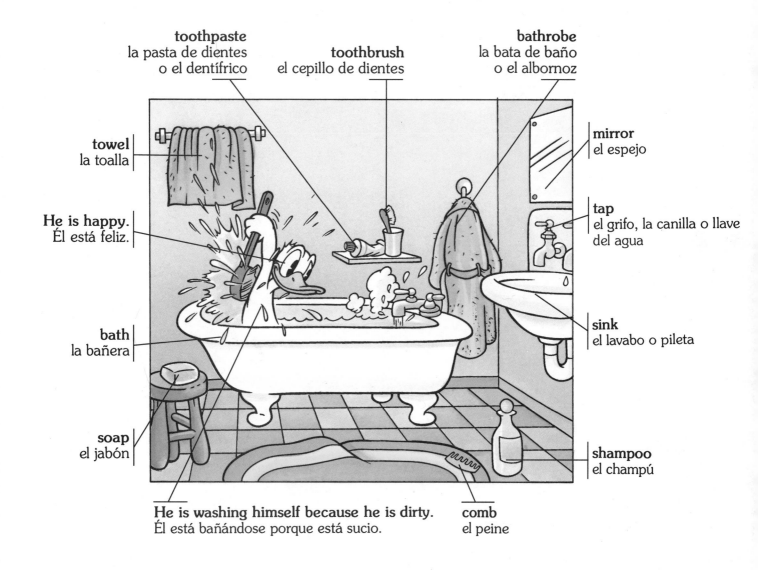

toothpaste
la pasta de dientes
o el dentífrico

toothbrush
el cepillo de dientes

bathrobe
la bata de baño
o el albornoz

towel
la toalla

mirror
el espejo

He is happy.
Él está feliz.

tap
el grifo, la canilla o llave
del agua

bath
la bañera

sink
el lavabo o pileta

soap
el jabón

shampoo
el champú

He is washing himself because he is dirty.
Él está bañándose porque está sucio.

comb
el peine

Donald is clean; he is having a bath.
Donald es limpio; toma un baño.

He brushes his teeth three times a day.
Él se cepilla los dientes tres veces al día.

– ¡ZZZ!

– ¡ZZZ!

the town • la ciudad

the street • la calle

building
el edificio

traffic light
el semáforo

side walk
la acera

car
el auto o coche

policeman
el policía

crossroads
el cruce

Donald is asking the policeman for directions.
Donald pregunta su camino al policía.

He is showing Donald the way.
Él indica a Donald el camino.

There is no traffic jam!
¡No hay embotellamiento!

It is forbidden to cross when the light is green.
Está prohibido cruzar cuando el semáforo está en luz verde.

Prohibido estacionarse

Estacionamiento

Oficina de correos

Sitio reservado
para las bicicletas
de los carteros

traffic • el tránsito o la circulación

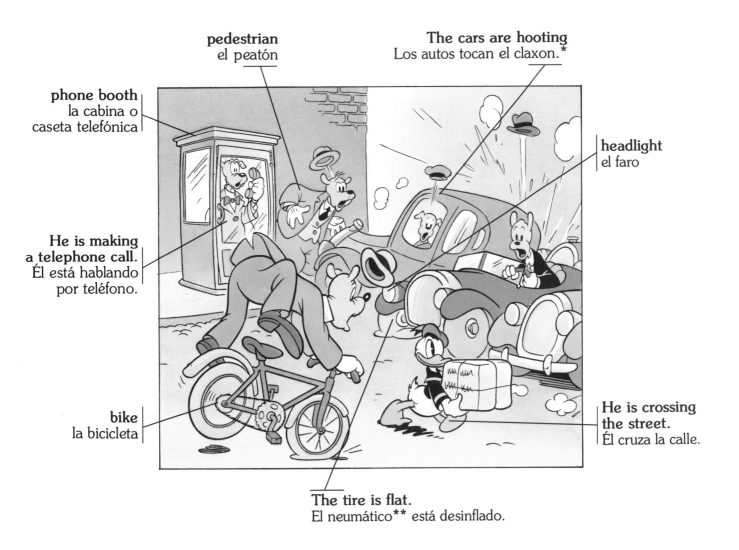

pedestrian
el peatón

The cars are hooting
Los autos tocan el claxon.*

phone booth
la cabina o
caseta telefónica

headlight
el faro

**He is making
a telephone call.**
Él está hablando
por teléfono.

bike
la bicicleta

**He is crossing
the street.**
Él cruza la calle.

The tire is flat.
El neumático** está desinflado.

Donald has caused a traffic jam.
Donald provocó un embotellamiento.

He makes them think there is dynamite in the parcel.
Él les hace creer que hay dinamita en el paquete.

* Al *claxon* también se le llama bocina y, por lo tanto, *tocar el claxon* se dice *tocar la bocina*.
** El *neumático* se llama en algunos países *llanta* y en otros *goma*.

– Sólo hay una solución...

Peligro Dinamita

the shops • las tiendas

There is only one bakery on this street.
En esta calle sólo hay una panadería.

butcher's shop
la carnicería

grocer's shop
el almacén o la tienda
de comestibles

bakery
la panadería

This shop is closed.
Esta tienda está cerrad

baker
el panadero

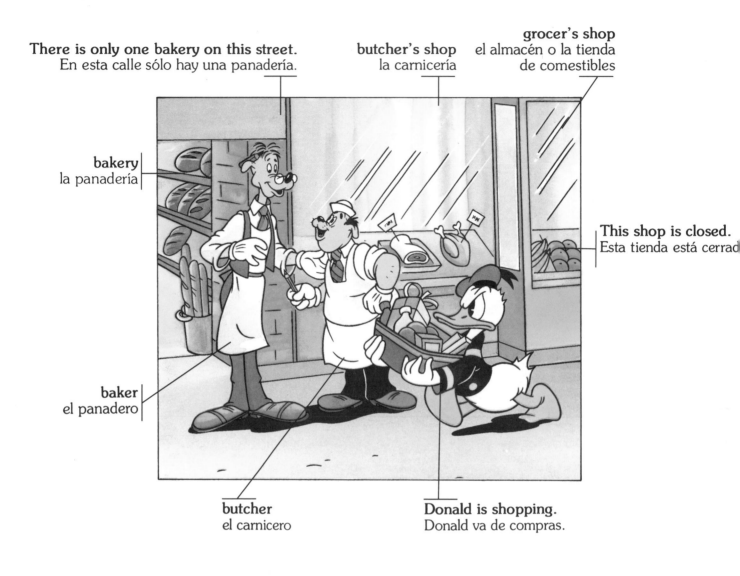

butcher
el carnicero

Donald is shopping.
Donald va de compras.

There are a lot of shops on this street.
En esta calle hay muchas tiendas.

Donald does not like going to the supermarket.
A Donald no le gusta ir al supermercado.

– Este pollo pesa dos kilos.
– ¡Voy a comprobarlo!

Pollo relleno

Carnicería

Abierto

– ¡No se otenda, sólo quería estar seguro!

– Si tú no lo cazaste...
– ...¿por qué hay perdigones...
– ...en el relleno?

money · el dinero

He is selling Donald a stamp.
Él le está vendiendo a Donald un sello* postal.

salesperson
el vendedor

bill
el billete

counter
el mostrador

cashier
la cajera

wallet
la cartera
o la billetera

coin
la moneda

She is paying the cashier.
Ella paga a la cajera.

purse
el monedero

cash register
la caja registradora

Donald is buying a stamp.
Donald está comprando un sello.

The milk is expensive. The sugar is cheap.
La leche está cara. El azúcar está barata.

*El *sello postal* también recibe otros dos nombres: *estampilla* y *timbre postal*.

¿Me da un sello de dos centavos?

– ¡Su cambio!

at the station · en la estación

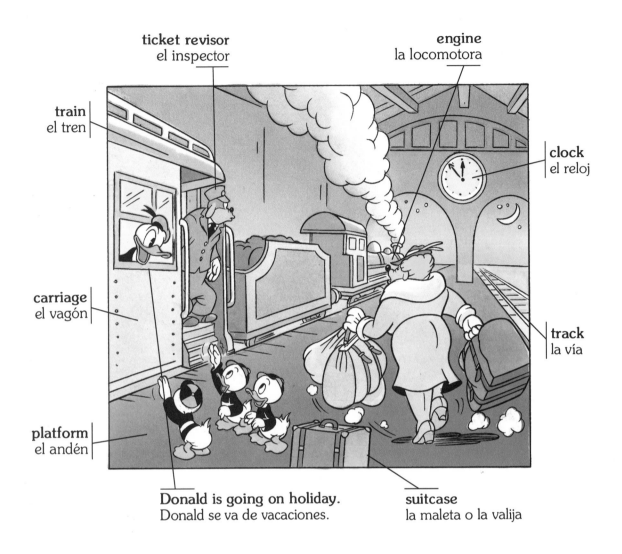

ticket revisor
el inspector

engine
la locomotora

train
el tren

clock
el reloj

carriage
el vagón

track
la vía

platform
el andén

Donald is going on holiday.
Donald se va de vacaciones.

suitcase
la maleta o la valija

The woman is in a hurry. The train is leaving.
La señora va de prisa. El tren se va.

Her luggage is heavy.
Su equipaje está pesado.

– ¡Hasta pronto!
– ¡Adiós...
– Tío...
– Donald!

– ¡Olvidé mi
maleta!

¡Rápido! ¡El
tren se va!

transportation • los medios de transporte

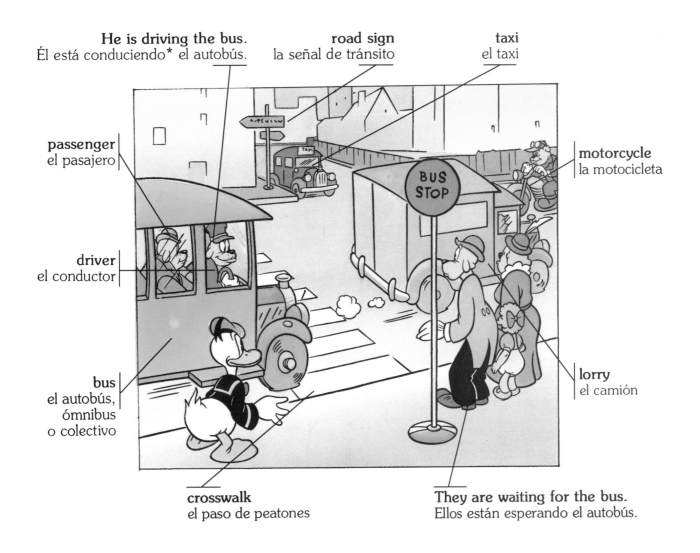

He is driving the bus.
Él está conduciendo* el autobús.

road sign
la señal de tránsito

taxi
el taxi

passenger
el pasajero

motorcycle
la motocicleta

driver
el conductor

bus
el autobús,
ómnibus
o colectivo

lorry
el camión

crosswalk
el paso de peatones

They are waiting for the bus.
Ellos están esperando el autobús.

The road sign gives the directions.
La señal de tránsito indica el sentido de la circulación.

The little girl is between the gentleman and the lady.
La niña está entre el señor y la señora.

En algunos países, en lugar de *conducir* se emplea el verbo *manejar*.

Parada de autobús

Parada de autobús

Parada de autobús

the school • la escuela

the classroom • el salón de clase/el aula

He is at the top of his class.
Él es el mejor alumno de la clase.

She is cleaning the blackboard.
Ella está borrando el pizarrón.

blackboard
el pizarrón
o la pizarra

pupil
la alumna

schoolteacher
la maestra

She is turning the page.
Ella pasa la página.

desk
el pupitre

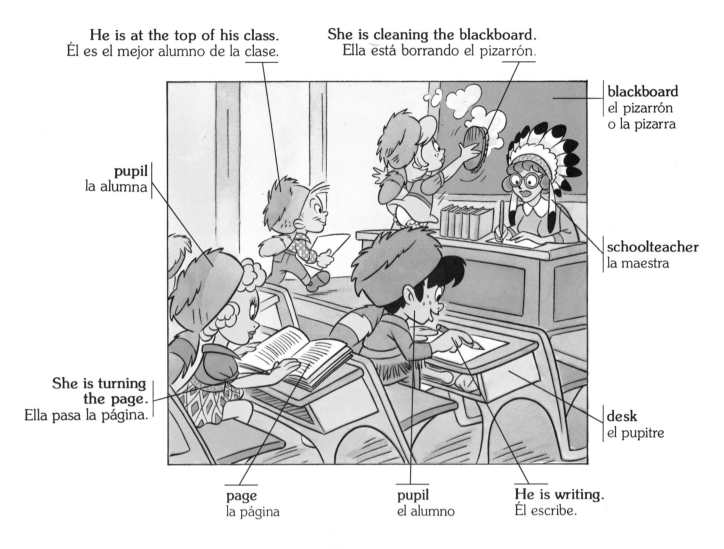

page
la página

pupil
el alumno

He is writing.
Él escribe.

The students are in the classroom.
Los alumnos están en el salón de clase.

The students are working hard.
Los alumnos trabajan mucho.

– Voy a ver al director para saber cómo le va al pequeño David en la escuela...

– Le agradezco su ayuda... ¡La escuela ejerce una excelente influencia sobre el pequeño David!
– Bueno...

– No sé si la escuela ha influido sobre el pequeño David, ¡pero el pequeño David ha influido sobre la escuela!

playtime • el recreo

The teacher watches the children during playtime.
El maestro vigila a los niños en el recreo.

He is running
Él corre.

The children are dancing in a ring.
Los niños hacen una ronda.**

is playing marbles.
stá jugando a las *
icas.

Morty has put his books on the ground.
Morty puso sus libros en el suelo.

He is Morty's friend.
Él es amigo de Morty.

It is playtime.
Es la hora del recreo.

The children are having fun.
Los niños se divierten.

*Las *canicas* reciben también el nombre de *bolitas*.
**Una *ronda* también recibe el nombre de *corro*.

– ¿Así que tú eres el nuevo?

– ¡Así es! ¿Alguna otra pregunta?

– ¿Qué es lo que aprendiste hoy en la escuela, Morty?
– ¡Que nunca hay que fiarse de las apariencias!

arithmetic • la aritmética

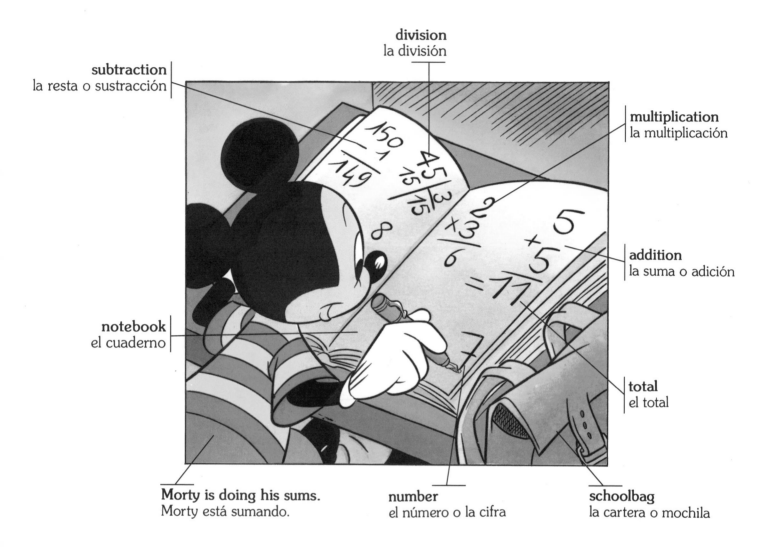

subtraction
la resta o sustracción

division
la división

multiplication
la multiplicación

addition
la suma o adición

notebook
el cuaderno

total
el total

Morty is doing his sums.
Morty está sumando.

number
el número o la cifra

schoolbag
la cartera o mochila

He has made a mistake in one sum.
Él se equivocó en una suma.

– ¿Quieres que te ayude a hacer los deberes?
– A X le dan tres dólares a la semana para sus gastos.

– Los billetes del autobús, los bolígrafos, los dulces, el cine una vez por semana... ¡X no puede hacer todo eso!
– ¡Eso es lo que pensé!

– ¡Gracias por el aumento, Mickey!

colours • los colores

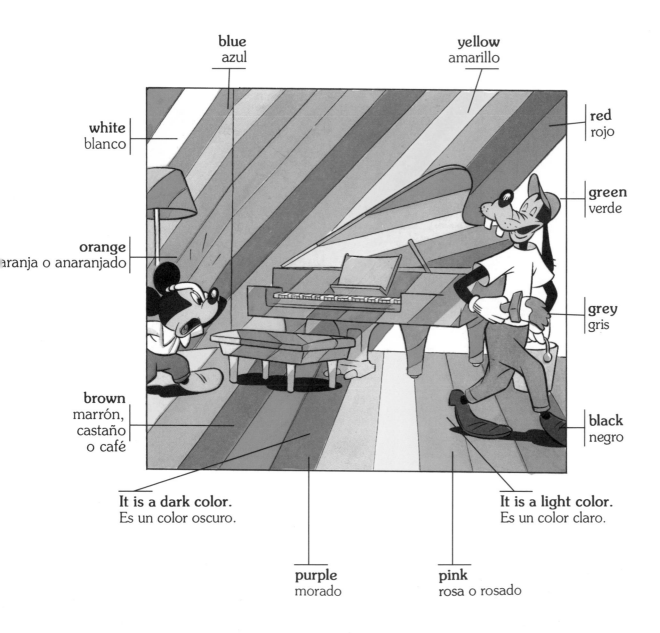

blue
azul

yellow
amarillo

white
blanco

red
rojo

green
verde

orange
naranja o anaranjado

grey
gris

brown
marrón,
castaño
o café

black
negro

It is a dark color.
Es un color oscuro.

It is a light color.
Es un color claro.

purple
morado

pink
rosa o rosado

– ¡Suerte! ¡Espero que hagas un buen trabajo!
– ¿Qué quieres decir? ¡Pinto las mejores rayas en la ciudad!

Más tarde
– No sé por qué, pero siempre me preocupo cuando trabaja para mí...

Tú dijiste que querías un trabajo bien hecho... Bueno, ¡aquí lo tienes!

shapes • las formas

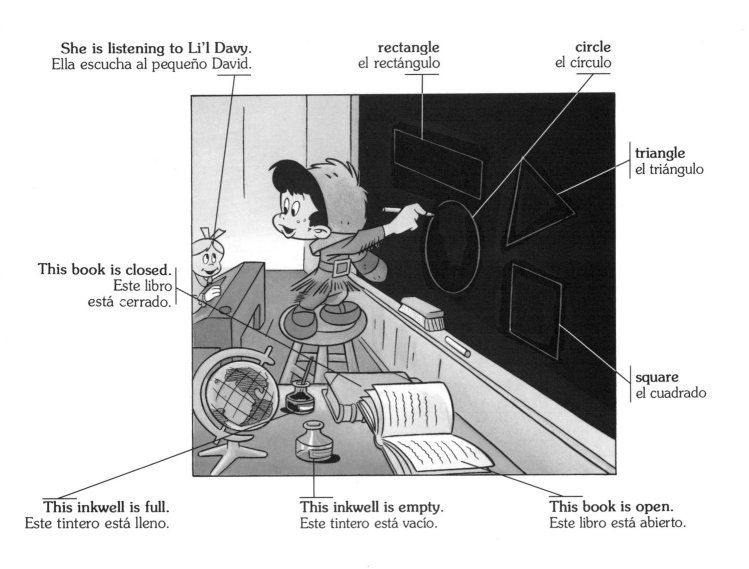

She is listening to Li'l Davy.
Ella escucha al pequeño David.

rectangle
el rectángulo

circle
el círculo

triangle
el triángulo

This book is closed.
Este libro
está cerrado.

square
el cuadrado

This inkwell is full.
Este tintero está lleno.

This inkwell is empty.
Este tintero está vacío.

This book is open.
Este libro está abierto.

The globe is round.
El globo terráqueo es redondo.

– Estoy muy contento de que el pequeño
David vaya a la escuela.

– Por fin va a aprender algo...

– Y ésta es la huella de un oso... ¿Me entendieron?

time • la hora

This hand shows the minutes.
Esta manecilla* marca los minutos.

This hand shows the hours.
Esta manecilla marca las horas.

The cuckoo clock
is on time.
El reloj de cu-cú
marca la hora
exacta.

Goofy's watch
is slow.
El reloj de Tribilín
va atrasado.

watch
el reloj de pulsera

alarm clock
el despertador

The alarm clock is fast.
El despertador va adelantado.

This hand shows the seconds.
Esta manecilla marca los segundos.

Mickey is winding the alarm clock. The alarm will go off tomorrow morning at eight o'clock.
Mickey le da cuerda al despertador. La alarma sonará mañana a las ocho de la mañana.

A las *manecillas* del reloj, también se les puede llamar *agujas*.

Ofertas

¡Qué bonito reloj de cu-cú! ¡Estoy contento
e haberlo comprado!
¡Buena suerte!

– Vamos a ver, ¿qué hora es?

– ¡Son las dos! ¡Mi reloj de cu-cú está sonando!

people • las personas

the family • la familia

She is Ann's grandmother.
Ella es la abuela de Ana.

He is Ann's uncle.
Él es el tío de Ana.

He is Michael's son.
Él es el hijo de Miguel.

He is Philip's father
Él es el padre de Felipe.

He is Philip's grandfather.
Él es el abuelo de Felipe.

They are brother and sister.
Ellos son hermanos.

She is Mark's mother.
Ella es la madre de Marcos.

She is Ann's cousin.
Ella es la prima de Ana.

She is Ann's aunt.
Ella es la tía de Ana.

She is Michael's daughter.
Ella es la hija de Miguel.

He is Ann's cousin.
Él es el primo de Ana.

Michael is Margaret's husband.
Miguel es el esposo de Margarita.

Margaret is Michael's wife.
Margarita es la esposa de Miguel.

– ¿Ves? ¡Ella limpia muy bien!

– ¡Qué desorden!

¡Crash!

– Nunca pensé que mi familia pudiera asustarla...

people • las personas

woman
la mujer

He is happy.
Él está contento.

She is young.
Ella es joven.

man
el hombre

girl
la niña

baby
el bebé o nene

Li'l Davy is a boy.
El pequeño David es un niño.

The mother is holding her baby in her arms.
La madre lleva al bebé en brazos.

She has two children.
Ella tiene dos hijos.

– ¿Cree usted que podrá hacerlo?
– ¡Por supuesto! Vuelva a buscarlo dentro de media hora.

– Le advierto...
– Ya... ya...

– ¡Qué!... ¡Qué!...
– ¡No me gusta que me corten el cabello!

appearance • el aspecto físico

He is old.
Él es viejo.

He is fat.
Él es gordo.

He is ugly.
Él es feo.

He is tall.
Él es alto.

He is strong.
Él es fuerte.

He is thin.
Él es delgado.

He is small.
Él es bajo.

Goofy is taller than Mickey.
Tribilín es más alto que Mickey.

Mickey is smaller than Goofy.
Mickey es más bajo que Tribilín.

John is fatter than Goofy.
Juan es más gordo que Tribilín.

– ¿Necesitas un exprimidor de naranjas, Mickey?
– ¡Sí, gracias!

– Un exprimidor de naranjas me vendrá
bien.

– ¡Eres muy amable, Mickey! ¡Mi primo estaba sin trabajo!

hair • el cabello

He has short hair.
Él tiene el cabello corto.

ponytail
la cola de caballo

bangs
el flequillo, fleco o cerquillo

moustache
el bigote

She is blonde.
Ella es rubia.

He is dark.
Él tiene el cabello oscuro.

braid
la trenza

beard
la barba

barrette
el broche para el cabello

He has a beard and straight hair.
Él tiene barba y el cabello lacio.

The little girl is red-haired.
La niña es pelirroja.

She has long hair.
Ella tiene el cabello largo.

Mickey, ¿podrías ir a buscar a la niñera de mi sobrina?
– Sí...

– ¿No le molesta si llevo mis discos?

– Voy a detenerlos, ¡tienen aspecto sospechoso!

personality • la personalidad

Goofy es happy.
Tribilín está contento.

Mickey is surprised.
Mickey está sorprendido.

Li'l Davy is polite.
El pequeño David es cortés.

She is famous.
Ella es famosa.

Goofy is poor.
Tribilín es pobre.

Miss Latour is rich.
La señorita Latour es rica.

Mickey is nice!
¡Mickey es simpático!

– ¡Me voy de caza!
– ¡Está bien! Pero no regreses con un jefe indio o un oso, como siempre...

– ¡Podrás reírte, pero suele darnos sorpresas desagradables!

Más tarde
– Espero que no te moleste... Invité a...
– ¡No! ¡No te lo permito!

– ¡Lo siento mucho, señorita Latour!
– ¡No importa, pequeño David!
– Debí haberme callado...

clothes (1) • la ropa (1)

blouse
la blusa

She is wearing a lovely evening dress.
Ella lleva un traje de noche muy bonito.

jacket
chaqueta, el saco o
la americana

bow tie
la corbata de moño
o de pajarita

petticoat
la enagua, el fondo o
el viso

tie
la corbata

She looks very smart.
Ella está muy elegante.

tights
las mallas o pantimedias

dress
el vestido

Minnie is wearing make-up.
Mimí usa maquillaje.

Mickey has a new suit.
Mickey tiene un traje nuevo.

– ¿Vas al baile esta noche?
– No, a menos que encuentre a una chica
a la antigua.

– ¿Encontró Tribilín a una chica a su gusto? – ¡Sí! Él nunca hace las cosas a medias!

clothes (2) • la ropa (2)

hat
el sombrero

coatrack
el perchero

cap
la gorra

coat
el abrigo o sobretodo

raincoat
la gabardina
o el impermeable

trousers
el pantalón

skirt
la falda o pollera

His jacket is too big.
Su chaqueta es demasiado grande.

jeans
los pantalones vaqueros o el tejano

Mickey's trousers are too short.
El pantalón de Mickey es demasiado corto.

Minnie is going to get dressed.
Mimí va a vestirse.

– ¿De verdad quieres ponerte eso esta noche?
– ¡Sí! Los pantalones de torero están de moda.

Por la noche...
– Mi primer invitado... ¡Ojalá sea
Mickey!

– ¡Aquí estamos!

clothes (3) • la ropa (3)

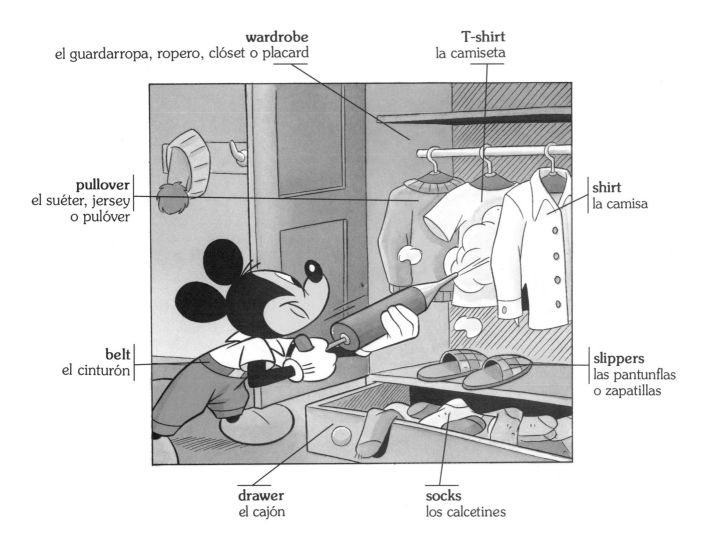

wardrobe
el guardarropa, ropero, clóset o placard

T-shirt
la camiseta

pullover
el suéter, jersey
o pulóver

shirt
la camisa

belt
el cinturón

slippers
las pantunflas
o zapatillas

drawer
el cajón

socks
los calcetines

There are a lot of clothes in the wardrobe.
Hay mucha ropa en el guardarropa.

He has hung his cap on the peg.
Él ha colgado su gorra en el perchero.

– Gracias a este insecticida ya no habrá más polillas...

– No saben lo que les espera...

Más tarde
– ¡Olvidé mi mejor traje!

shoes • el calzado

There is a hole in his boot.
Hay un agujero en su bota.

His foot hurts.
Le duele el pie.

sneakers
el tenis o
zapato deportivo

boot
la bota

shoelace
el cordón
o la agujeta

ankle boot
el botín

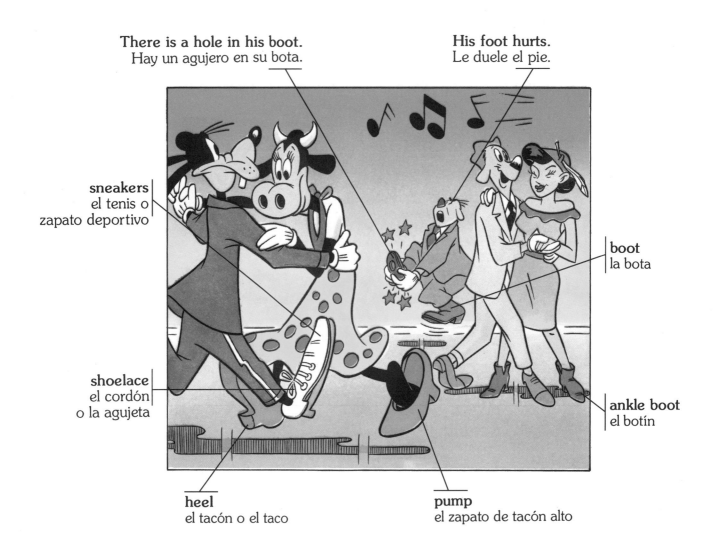

heel
el tacón o el taco

pump
el zapato de tacón alto

Goofy's shoes are too big.
Los zapatos de Tribilín son muy grandes.

– Dijiste que no irías al baile...
– Sí... pero yo también quiero divertirme...

– Qué extraño...
– ¿Te importa?

– Ya no soportaba más que todos me pisaran.

jewellery · las joyas

ring
el anillo o la sortija

This gold ring glitters.
Este anillo de oro brilla.

earring
el pendiente, arete o caravana

emerald
la esmeralda

pearl
la perla

necklace
el collar

bracelet
la pulsera

Minnie's necklace broke.
El collar de Mimí se rompió.

brooch
el broche o prendedor

ruby
el rubí

The pearls are rolling on the floor.
Las perlas ruedan por el suelo.

Emeralds and rubies are precious stones.
Las esmeraldas y los rubíes son piedras preciosas.

– ¡Mickey! ¡Mis perlas...!
– ¡Voy a recogerlas!

– ¡Oh! ¡Son muchísimas!

– Bueno... Creo que ya las tengo todas...

– ¡Hace mucho tiempo que todos se fueron!

the human body • el cuerpo humano

parts of the body (1) • las partes del cuerpo (1)

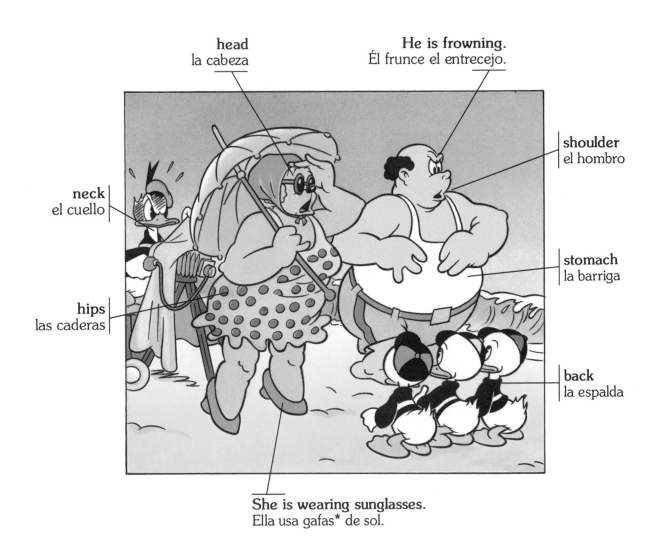

head
la cabeza

He is frowning.
Él frunce el entrecejo.

shoulder
el hombro

neck
el cuello

stomach
la barriga

hips
las caderas

back
la espalda

She is wearing sunglasses.
Ella usa gafas* de sol.

The lady is turning her back on Donald.
La señora le está dando la espalda a Donald.

*Las *gafas* también se conocen como *anteojos* o *lentes*.

– ¡Oiga! ¡Usted! ¿No ve que estoy
tomando una foto?

– ¡Oye, Óscar!

parts of the body (2) • las partes del cuerpo (2)

His arms are crossed.
Tiene los brazos cruzados.

The masseur is standing up.
El masajista está de pie.

leg
la pierna

arm
el brazo

finger
el dedo

foot
el pie

elbow
el codo

He is wearing sandals.
Él lleva sandalias.

hand
la mano

toe
el dedo del pie

knee
la rodilla

Donald is lying down.
Donald está acostado boca abajo.

The masseur's arms are well-muscled.
Los brazos del masajista son musculosos.

Donald has a massage once a week.
A Donald le dan masajes una vez por semana.

ploma

Crac

– ¡Es un dólar, señor!

the face • la cara

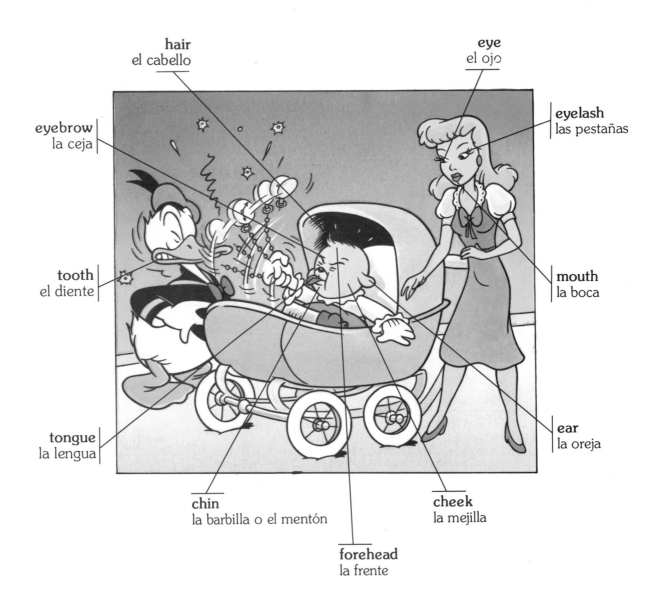

hair
el cabello

eye
el ojo

eyebrow
la ceja

eyelash
las pestañas

tooth
el diente

mouth
la boca

tongue
la lengua

ear
la oreja

chin
la barbilla o el mentón

cheek
la mejilla

forehead
la frente

The baby is sticking out his tongue.
El bebé saca la lengua.

– ¡Qué lindo eres!
¡Cuchi, cuchi!

– ¡Chsst...!
– ¡Buaaaá! ¡Buaaá!

– ¡Mira! ¡El reloj hace
tic-tac!

health • la salud

The nurse is going to look after him.
La enfermera lo cuidará.

He has a headache.
Él tiene dolor de cabeza.

The doctor is worried.
El médico está preocupado.

syringe
jeringa o jeringuilla

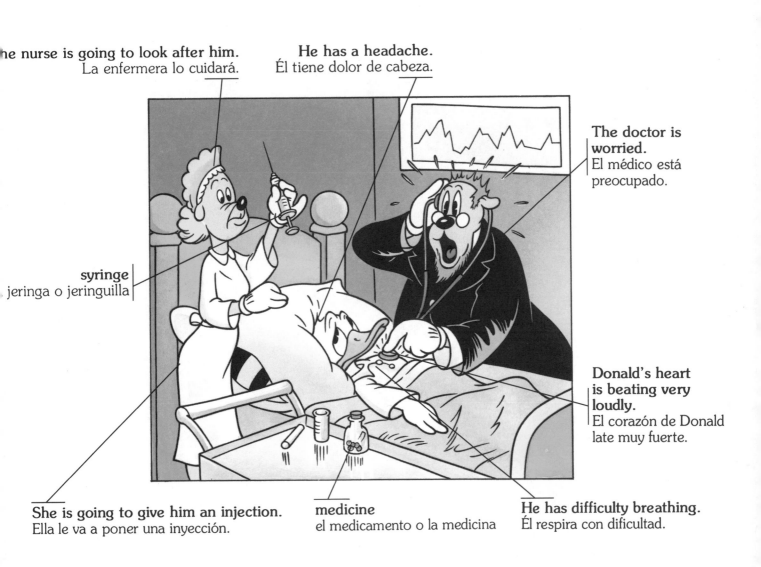

Donald's heart is beating very loudly.
El corazón de Donald late muy fuerte.

She is going to give him an injection.
Ella le va a poner una inyección.

medicine
el medicamento o la medicina

He has difficulty breathing.
Él respira con dificultad.

He was brought to the hospital by ambulance.
Lo trasladaron al hospital en una ambulancia.

Perhaps Donald will die.
Quizás Donald muera.

– Voy a fingir que estoy enfermo...

– Tic tac...

– ¡Ja, ja! ¡Lo engañé!

Ambulancia

food • la comida

vegetables • las verduras

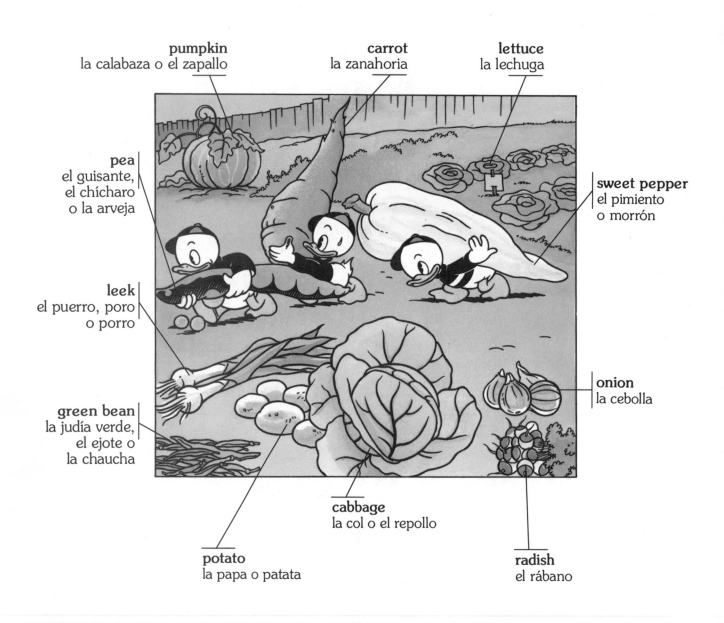

pumpkin
la calabaza o el zapallo

carrot
la zanahoria

lettuce
la lechuga

pea
el guisante,
el chícharo
o la arveja

sweet pepper
el pimiento
o morrón

leek
el puerro, poro
o porro

green bean
la judía verde,
el ejote o
la chaucha

onion
la cebolla

cabbage
la col o el repollo

potato
la papa o patata

radish
el rábano

– Hemos comprado un...
– ...abono mágico.
– Ya saben que lo que hace crecer
las plantas es la lluvia y el trabajo...
Abono mágico

– ¡Está lloviendo! ¡Apuesto a que
mañana todo habrá crecido!

Por la mañana
– No puedo esperar
para ver...

– ¡Caramba! ¡Les dije que todo habría...
– ...crecido!

fruit • la fruta

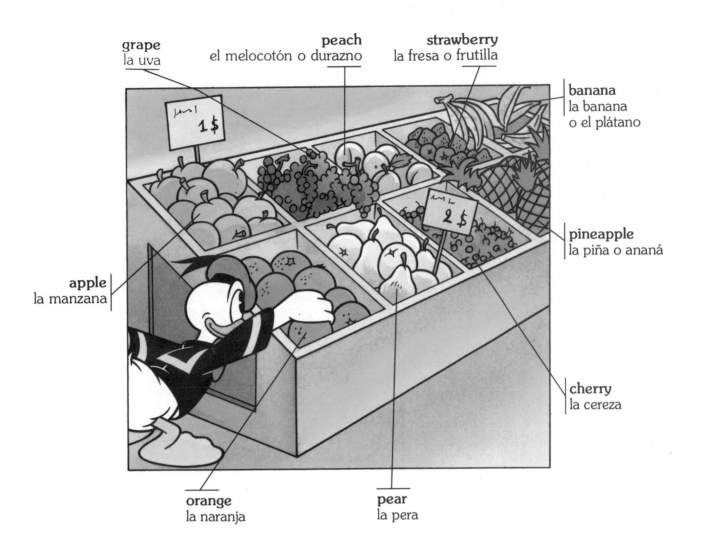

grape
la uva

peach
el melocotón o durazno

strawberry
la fresa o frutilla

banana
la banana
o el plátano

1 $

2 $

pineapple
la piña o ananá

apple
la manzana

cherry
la cereza

orange
la naranja

pear
la pera

The fruit is ripe.
La fruta está madura.

A peach is a piece of fruit.
El melocotón es una fruta.

¿Vieron qué fruta más bonita?

– ¿Quieren más?

the table • la mesa

salt
la sal

pepper
la pimienta

chair
la silla

napkin
la servilleta

knife
el cuchillo

spoon
la cuchara

fork
el tenedor

glass
el vaso

plate
el plato

Donald is holding a dish.
Donald sostiene una fuente.

Gladstone is always hungry and thirsty.
Pánfilo Ganso siempre tiene hambre y sed.

– ¡Toma! ¡Espero que sea suficiente!

– ¡Ay! ¡Qué glotón! ¡Espero que me deje algo de comer!

– ¿Cómo? ¿Sólo quedan los...

– ...huesos?

breakfast • el desayuno

Donald is drinking coffee.
Donald bebe café.

cup
la taza

milk
la leche

cereal
el cereal

egg
el huevo

jam
la mermelada

butter
la mantequilla
o manteca

teapot
la tetera

coffee-pot
la cafetera

honey
la miel

sugar
el azúcar

bread
el pan

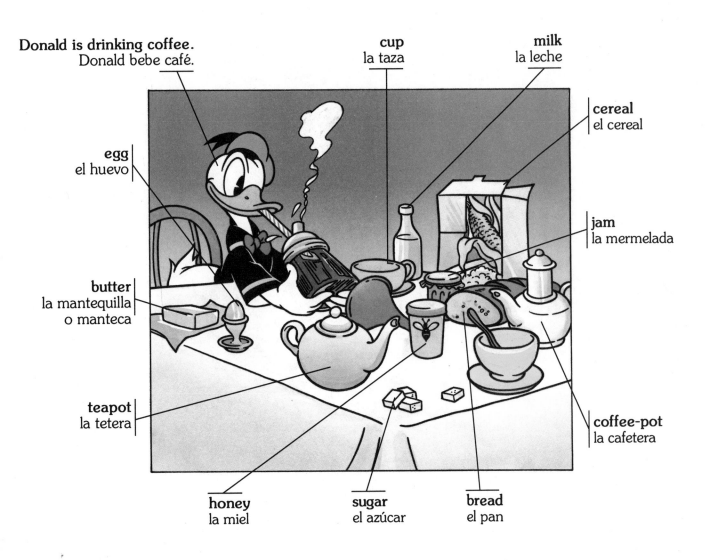

He has got tea ready.
Donald ha preparado té.

The nephews are not up yet.
Los sobrinos no se han levantado aún.

Este café no tiene azúcar...

– ¡Este azucarero no es nada práctico!

– ¡Tengo la solución!

lunch • el almuerzo

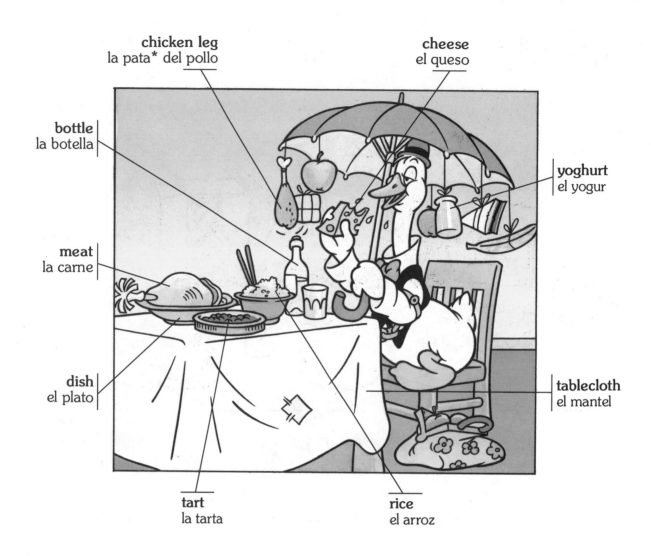

chicken leg
la pata* del pollo

cheese
el queso

bottle
la botella

yoghurt
el yogur

meat
la carne

dish
el plato

tablecloth
el mantel

tart
la tarta

rice
el arroz

Gladstone eats a lot.
Pánfilo Ganso come mucho.

The cheese is delicious.
El queso está delicioso.

*En algunos países, a la *pata* del pollo se llama *pierna*.

– ¿Lo ves? ¡No hay nada que comer!

– ¡Lo engañé! ¡Va a regresar a su casa!

– ¡Plop!

dinner • la cena

Gladstone has emptied the fridge!
¡Pánfilo Ganso ha vaciado la nevera*!

**The soup
is boiling hot.**
La sopa está
muy caliente.

soup tureen
la sopera

Donald is angry.
Donald está enojado.

ladle
el cucharón

water
el agua

soup
la sopa

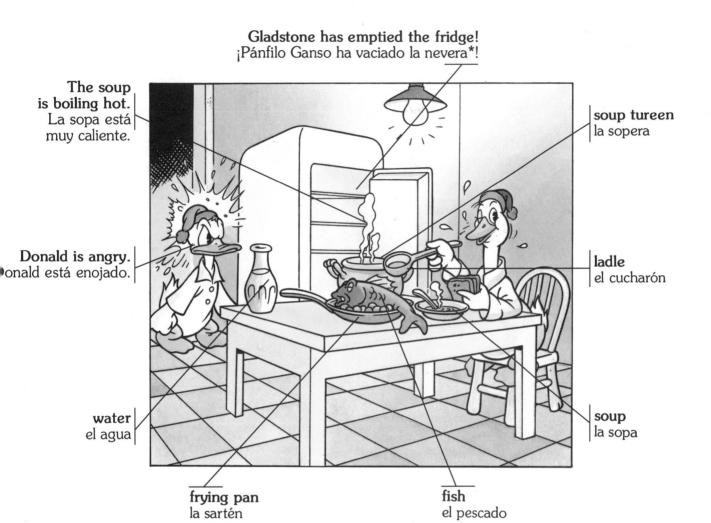

frying pan
la sartén

fish
el pescado

Gladstone is not a real sleepwalker!
¡Pánfilo Ganso no es un verdadero sonámbulo!

He likes fish.
A él le gusta el pescado.

El aparato doméstico que produce frío y sirve para conservar los alimentos recibe muchos nombres distintos en diversos países donde se habla español: *nevera, frigorífico, refrigerador, heladera...*

¿Adónde va?

– ¿A la cocina?

nature • la naturaleza

the forest • el bosque

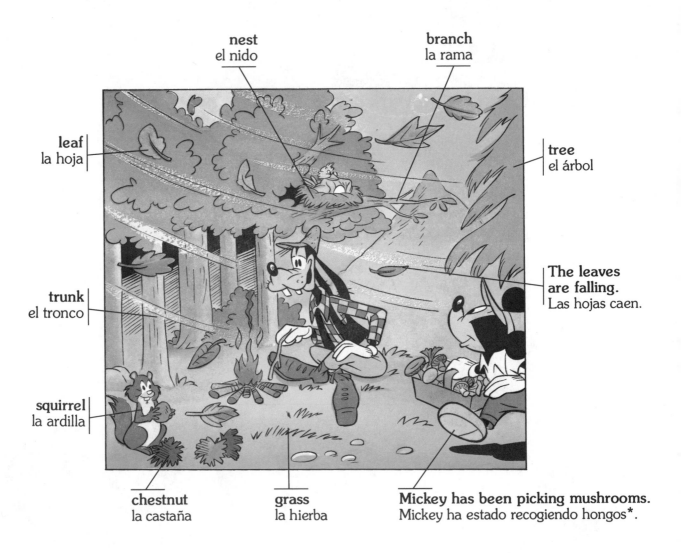

nest
el nido

branch
la rama

leaf
la hoja

tree
el árbol

**The leaves
are falling.**
Las hojas caen.

trunk
el tronco

squirrel
la ardilla

chestnut
la castaña

grass
la hierba

Mickey has been picking mushrooms.
Mickey ha estado recogiendo hongos*.

It is autumn.
Es el otoño.

They are in a clearing.
Ellos están en un claro del bosque.

*Los *hongos* comestibles se llaman también *setas* o *champiñones*.

– ¿Qué comeremos hoy, chicos?
– ¿Qué les parece una tortilla de huevos
de águila?
– ¿De huevos de águila?

– ¡Es deliciosa! ¡Y sé dónde encontrar
los huevos en el bosque!

Un poco más tarde...
– ¡No me esperen! ¡Tal vez llegue un poco tarde!

the mountains • las montañas

mountain goat
la cabra de monte

mountain
la montaña

peak
la cima o la cumbre

eagle
el águila

deer
el ciervo
o el corzo

cabin
la cabaña

Goofy is behind Mickey.
Tribilín está detrás de Mickey.

track
el camino

mountain stream
el torrente

Mickey is in front of Goofy.
Mickey está delante de Tribilín.

The valley is below.
El valle está abajo.

The peak is above.
La cima está arriba.

IT'S FUN COLLECTING BIRDS' EGGS FOR THE MUSEUM...

LET'S KEEP IN TOUCH ON THE WALKIE-TALKIE!

– Es divertido recoger huevos de pájaro para el museo...
– Mantengámonos en contacto por medio del radiotransmisor.

LATER...

I WONDER THAT GOOFY WANTS...

BZZZ BZZZ

Más tarde...
Bzzz Bzzz
– Me pregunto qué es lo que quiere Tribilín...

HAVE YOU FOUND ANYTHING?

NO, I'M THE ONE WHO'S BEEN FOUND!

– ¿Has encontrado algo?
– No, ¡me han encontrado a mí!

the countryside • el campo

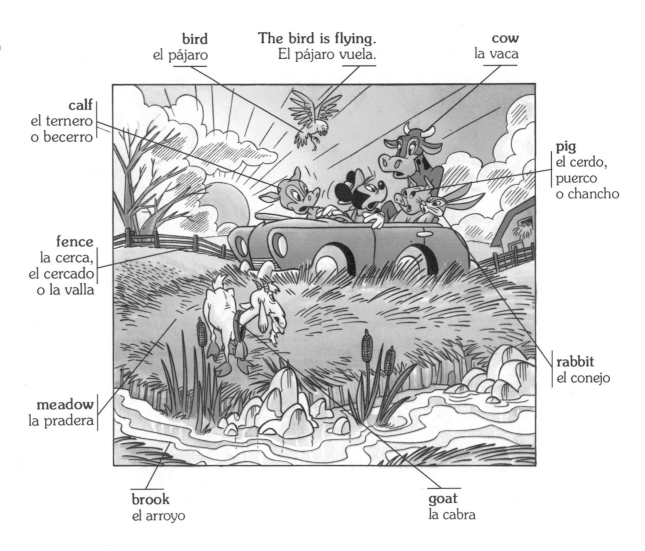

bird
el pájaro

The bird is flying.
El pájaro vuela.

cow
la vaca

calf
el ternero
o becerro

pig
el cerdo,
puerco
o chancho

fence
la cerca,
el cercado
o la valla

rabbit
el conejo

meadow
la pradera

brook
el arroyo

goat
la cabra

The sun is rising. It is very early.
El sol está saliendo. Es muy temprano.

What a beautiful landscape!
¡Qué paisaje más hermoso!

IT'S TOO DANGEROUS TO DRIVE IN THIS FOG! I'LL PULL OVER AND WAIT.

– ¡Es muy peligroso conducir con esta niebla!
Voy a pararme y esperar un poco.

MORNING...

I FELL ASLEEP! AT LAST THE FOG'S LIFTED...

Por la mañana

– ¡Me dormí! Por fin se levantó
la niebla...

ONE THING IS CERTAIN, IT WAS VERY FOGGY!

Walt Disney 2-7

– De una cosa estoy seguro. ¡Había mucha niebla!

flowers · las flores

rose
la rosa

carnation
el clavel

bouquet
el ramo

tulip
el tulipán

bee
la abeja

stem
el tallo

What a lovely smell!
¡Qué bien huele!

This flower has wilted.
Esta flor está marchita.

petals
los pétalos

daisy
la margarita

There are only flowers here; there are no house plants.
Sólo hay flores. No hay plantas de interior.

– ¡Oh! ¡Lo siento!

Florista

– ¡Mimí, deja que te explique!

the river • el río

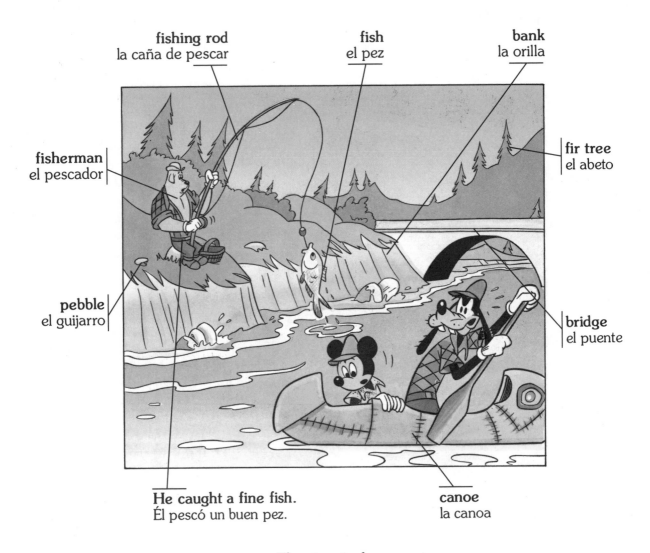

fishing rod
la caña de pescar

fish
el pez

bank
la orilla

fisherman
el pescador

fir tree
el abeto

pebble
el guijarro

bridge
el puente

He caught a fine fish.
Él pescó un buen pez.

canoe
la canoa

The river is deep.
El río es profundo.

The water is flowing under the bridge.
El agua fluye bajo el puente.

– Ésta es una verdadera canoa... ¡La construí tal
como lo hacen los indios!
– No parece muy sólida...

– ¡Nos hundimos!
– ¡No! ¡En un minuto estaremos a la mitad del río!

– ¡Regresa, Tribilín! ¡Regresa!

the sea • el mar

anchor
el ancla

ship
el buque

lighthouse
el faro

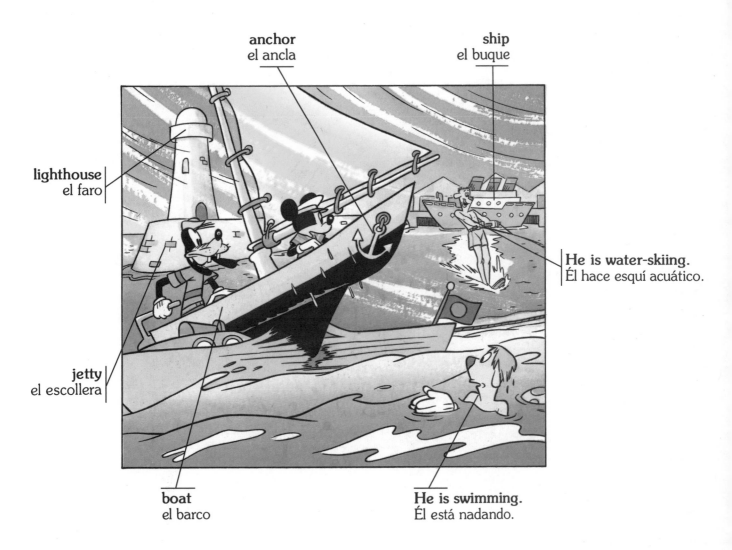

He is water-skiing.
Él hace esquí acuático.

jetty
el escollera

boat
el barco

He is swimming.
Él está nadando.

There is a ship in the harbour.
Hay un buque en el puerto.

The wind is blowing.
El viento sopla.

¡Arría la vela! Hay mucho viento.
¡Lo estoy intentando!

– ¡Mickey!
– ¡No puedo!

Policía
– Supongo que no le interesa una explicación…

the sky • el cielo

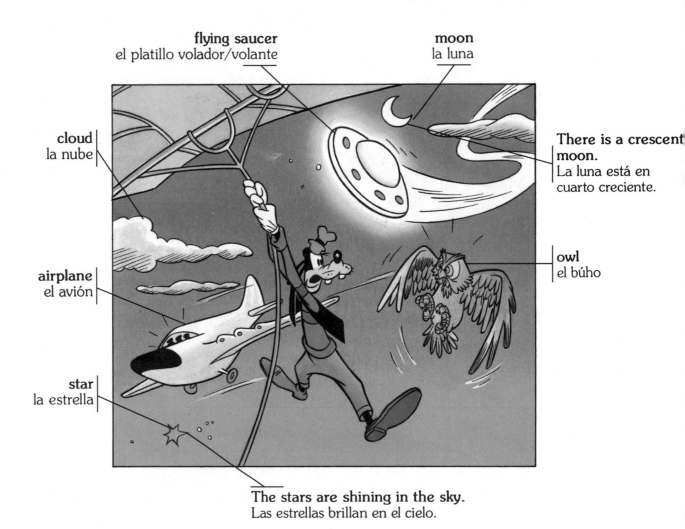

flying saucer
el platillo volador/volante

moon
la luna

cloud
la nube

There is a crescent moon.
La luna está en cuarto creciente.

airplane
el avión

owl
el búho

star
la estrella

The stars are shining in the sky.
Las estrellas brillan en el cielo.

The flying saucer is crossing the sky.
El platillo volador atraviesa el cielo.

It is a hectic night.
La noche está agitada.

– ¡Tengo una idea! ¡Voy a hacer una cometa que parezca una gaviota!
– Ya veo...

– ¡Eso es! Vuelo como una... ¡Ayyy!

– De acuerdo. ¡Ahora explícame cómo bajo!

storm • la tormenta

Goofy is sheltering inside the house.
Tribilín se refugia dentro de la casa.

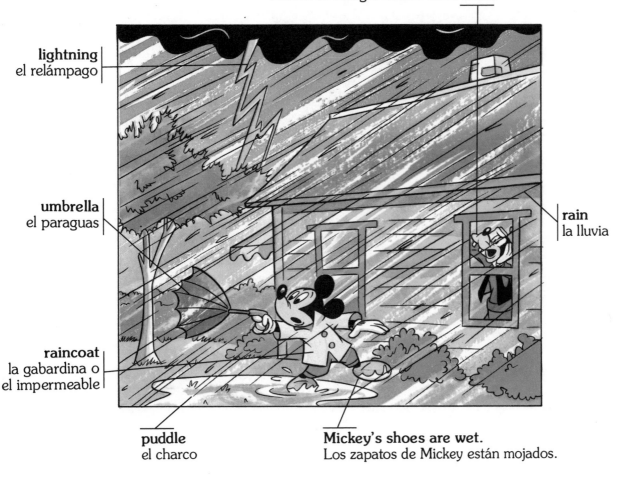

lightning
el relámpago

umbrella
el paraguas

raincoat
la gabardina o
el impermeable

rain
la lluvia

puddle
el charco

Mickey's shoes are wet.
Los zapatos de Mickey están mojados.

It is windy!
¡Hay viento!

Thunder can be heard.
Puede oírse el trueno.

Voy a colgar el barómetro para saber qué
empo hará... ¡Ooooh!

– ¡Se atascó!
Buen tiempo
Lluvia

– Creo que hice una tontería...

the farm • la granja

cat
el gato

rooster
el gallo

The cat is on the roof.
El gato está en el tejado.

The hen is in
the henhouse.
La gallina está
en el gallinero.

farmer
el granjero

horse
el caballo

hen
la gallina

dog
el perro

duck
el pato

kennel
la casilla del perro

The duck is swimming in the pond.
El pato nada en el estanque*.

pig
el cerdo, puerco o
chancho

The dog is faithful. He is guarding the house.
El perro es fiel. Está vigilando la casa.

How many animals are there?
¿Cuántos animales hay?

The farmer is riding his horse.
El granjero monta su caballo.

*Otra manera de llamar al *estanque* es con la palabra *charca*.

– ¡Decidí instalar una veleta en mi tejado!
– ¡Buena idea!

Algunos días después...
– Voy a visitar a Tribilín... Ya debe
haber terminado de colocar su
veleta...

– Me parece que seguí mal las instrucciones...

wild animals • los animales salvajes

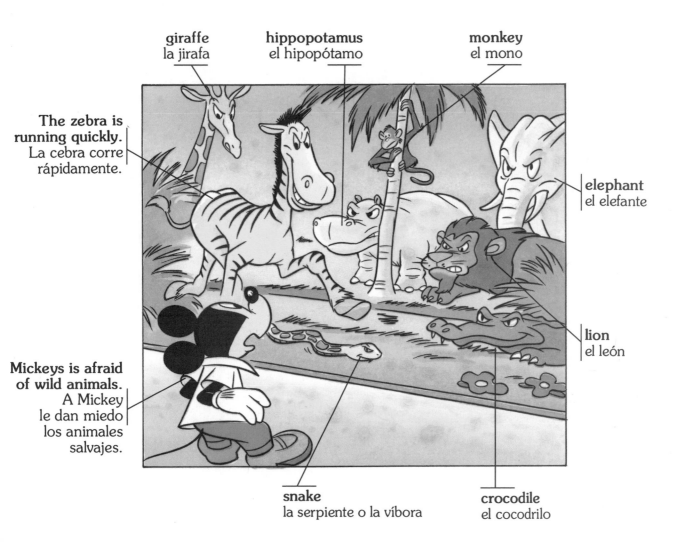

giraffe
la jirafa

hippopotamus
el hipopótamo

monkey
el mono

The zebra is running quickly.
La cebra corre rápidamente.

elephant
el elefante

Mickeys is afraid of wild animals.
A Mickey le dan miedo los animales salvajes.

lion
el león

snake
la serpiente o la víbora

crocodile
el cocodrilo

Whatch out! The lion looks dangerous.
¡Cuidado! El león parece peligroso.

The giraffe has a long neck.
La jirafa tine el cuello largo.

Pero Mimí... yo no quería que npapelaran mi cuarto de estar. Ven y verás qué maravillosos son tos nuevos papeles para tapizar!

– ¡Mira! ¡Parece un jardín de verdad! ¿Te gusta?
– Sí... Casi pensé que...

– ¡Espera a ver el que escogí para tu cuarto de estar!

Más tarde

leisure • el tiempo libre

the airport · el aeropuerto

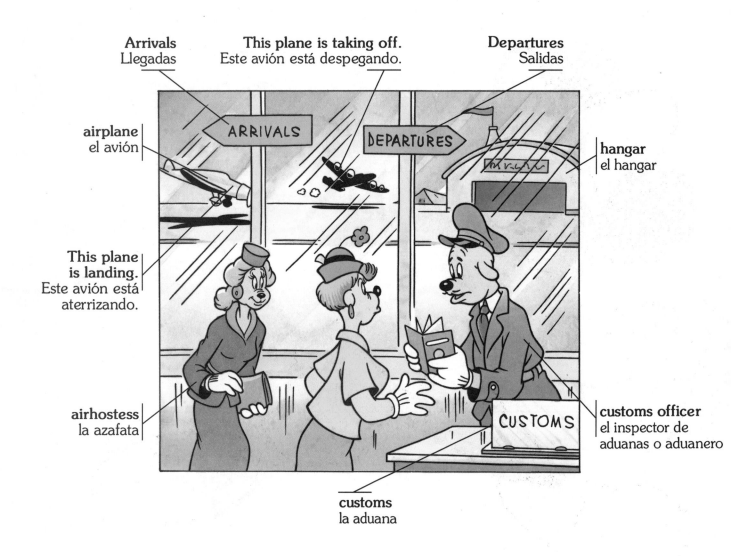

Arrivals
Llegadas

This plane is taking off.
Este avión está despegando.

Departures
Salidas

airplane
el avión

hangar
el hangar

This plane is landing.
Este avión está aterrizando.

airhostess
la azafata

customs officer
el inspector de aduanas o aduanero

customs
la aduana

A woman is showing her passport to the customs officer.
Una mujer muestra su pasaporte al inspector de aduanas.

– Hoy puedes aterrizar el avión
– Pero... pero...

– ¡Está bien!
– ¡Ahora, ve despacio!

– ¡Bravo! ¡Yo no lo hubiera hecho mejor!
– ¡Auxilio!

the beach • la playa

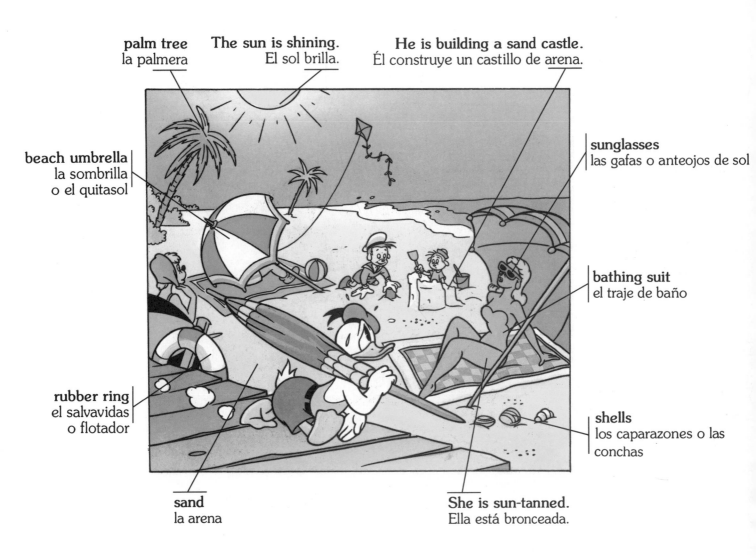

palm tree
la palmera

The sun is shining.
El sol brilla.

He is building a sand castle.
Él construye un castillo de arena.

beach umbrella
la sombrilla
o el quitasol

sunglasses
las gafas o anteojos de sol

bathing suit
el traje de baño

rubber ring
el salvavidas
o flotador

shells
los caparazones o las
conchas

sand
la arena

She is sun-tanned.
Ella está bronceada.

They are on holiday.
Ellos están de vacaciones.

The weather is fine. It is summer.
Hace buen tiempo. Es el verano.

THERE'RE A LOT OF PEOPLE HERE!...

WHERE CAN I SIT?

Hay mucha gente aquí!...

– ¿Dónde podré sentarme?

camping • el campamento

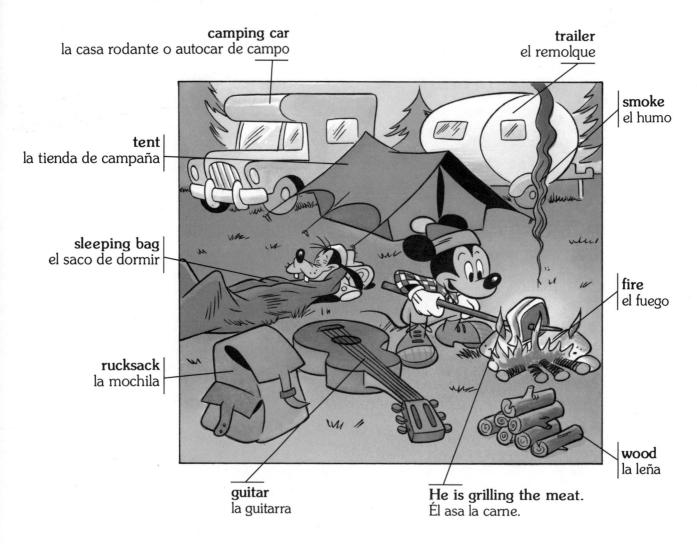

camping car
la casa rodante o autocar de campo

trailer
el remolque

smoke
el humo

tent
la tienda de campaña

sleeping bag
el saco de dormir

rucksack
la mochila

fire
el fuego

wood
la leña

guitar
la guitarra

He is grilling the meat.
Él asa la carne.

Mickey is warming himself beside the fire.
Mickey se calienta cerca del fuego.

Mickey loves camping.
A Mickey le gusta ir de campamento.

– Bueno, Tribilín, ¿estás contento de haber
dormido al aire libre?
– Sí...

– ¡Afortunadamente tenía el saco de dormir para
mantenerme caliente!
– Sí... Hizo mucho frío esta noche...

– ¡Mucho frío!

toys and games • los juguetes y los juegos

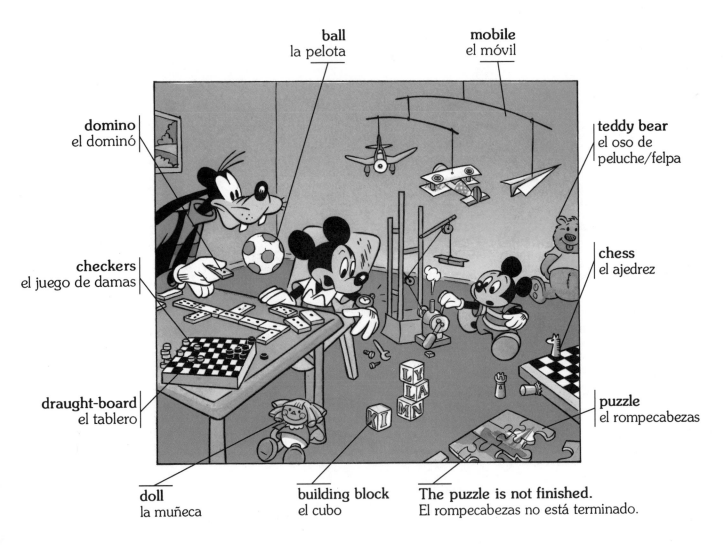

ball
la pelota

mobile
el móvil

domino
el dominó

teddy bear
el oso de peluche/felpa

checkers
el juego de damas

chess
el ajedrez

draught-board
el tablero

puzzle
el rompecabezas

doll
la muñeca

building block
el cubo

The puzzle is not finished.
El rompecabezas no está terminado.

The playroom is untidy.
La sala de juegos está desordenada.

The doll's name is Caroline.
La muñeca se llama Carolina.

– ¡Vamos Morty! ¡Es hora de acostarse!
– ¡Yo quiero seguir jugando, Mickey!

– ¡A la cama!
– ¡Me divertía mucho con ustedes!

– ¡Esta partida de dominó estaba muy aburrida!
¡Prefiero los juguetes de Morty!
– ¡Yo también!

the zoo • el zoológico

giraffe
la jirafa

kangaroo
el canguro

stag
el ciervo o venado

penguin
el pingüino

ostrich
el avestruz

zebra
la cebra

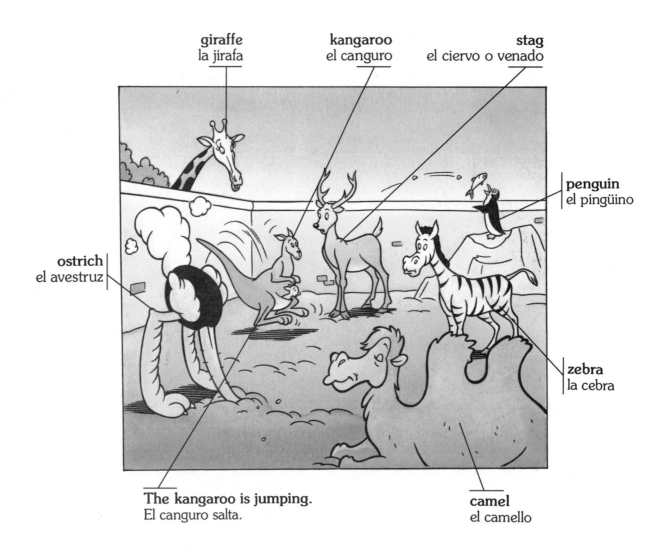

The kangaroo is jumping.
El canguro salta.

camel
el camello

The penguin is catching a fish.
El pingüino atrapa un pez.

The ostrich is hiding.
El avestruz se esconde.

– ¿De qué me habla? ¿Mi avestruz es un mal ejemplo para los otros animales?

– De acuerdo, iré al zoológico a ver lo que pasa...

painting · la pintura

pencil
el lápiz

ruler
la regla

rubber
la goma de borrar

**This painting is
a masterpiece!**
¡Este cuadro es
una obra maestra!

**There are paint
stains on his smock.**
Hay manchas
de pintura en
su bata*.

palette
la paleta

canvas
el lienzo o la tela

tube of paint
el tubo de pintura

paper
el papel

paint brush
el pincel

The artist paints well.
El artista pinta bien.

He has painted Donald's portrait.
Él pintó el retrato de Donald.

*En algunos lugares, a la bata como la del pintor se le llama *delantal* y en otros *guardapolvo*.

– En realidad no es caro...
– ¡Necesito comer! ¡Soy un pobre
artista hambriento!

Se pintan retratos por dos dólares.

music • la música

piano
el piano

trumpet
la trompeta

conductor
el director de orquesta

flute
la flauta

He is conducting the orchestra.
Él dirige la orquesta.

stage
el escenario
o la escena

He is playing the violin.
Él toca el violín.

violin
el violín

The audience is clapping.
El público aplaude.

– No sabía que dabas un concierto aquí.
– ¿De verdad?

Entrada de artistas

the concert • el concierto

He is a good musician.
Él es un buen músico.

singer
el cantante

electric guitar
la guitarra eléctrica

saxophone
el saxofón

microphone
el micrófono

drums
la batería

synthesizer
el sintetizador

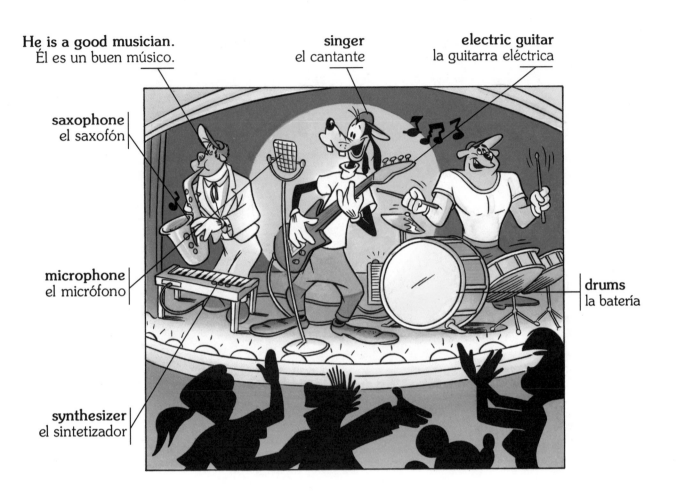

He is singing out of tune.
Él canta desafinando.

Everybody is dancing.
Toda la gente baila.

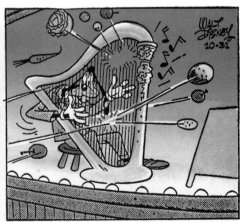

Concurso de música

Más tarde
– ¿Un arpa?
– Sí. ¡Cambié de instrumento!

the movie • el cine

actor
el actor

The hero fights back.
El héroe se defiende.

projector
el proyector

hero
el héroe

screen
la pantalla

seat
la butaca

aisle
el pasillo

He is screaming.
Él grita.

The viewers are enthralled.
Los espectadores están en suspenso.

How exciting!
¡Qué emocionante!

The film is scary.
La película da miedo.

– Me encantan las películas de terror... No puedo ver
la pantalla...

– Perdone. ¿Podría usted quitarse
su sombrero?

– ¡Ooooh!

the park • el parque

He is sliding down the slide.
Él está tirándose por el tobogán.

fountain
la fuente

slide
el tobogán o
la resbaladilla

park attendant
el vigilante
o el guarda

bench
el banco o la banca

swing
el columpio
o la hamaca

stoller
el cochecito del bebé

¡Tengo sed!

sports • los deportes

the stadium · el estadio

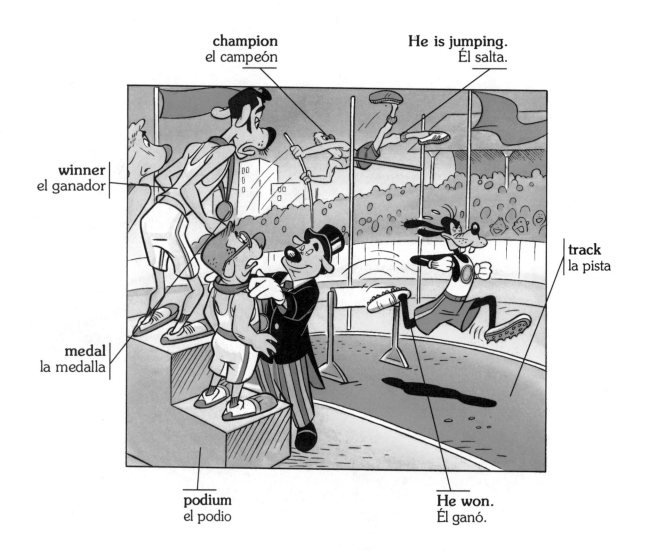

champion
el campeón

He is jumping.
Él salta.

winner
el ganador

track
la pista

medal
la medalla

podium
el podio

He won.
Él ganó.

Goofy is running.
Tribilín está corriendo.

– ¡Olvida a los demás atletas! ¡Concéntrate en la carrera: cierra los ojos y corre!
– ¡Puedes contar conmigo!

– ¡Tribilín!

– Creo que ya puedo abrir los ojos...

sportsgear • el equipo

butterfly net
la red para atrapar mariposas

tracksuit
el conjunto deportivo

weights
las pesas

Morty likes playing ball.
A Morty le gusta jugar a la pelota.

vest
la camiseta

shorts
el pantalón corto

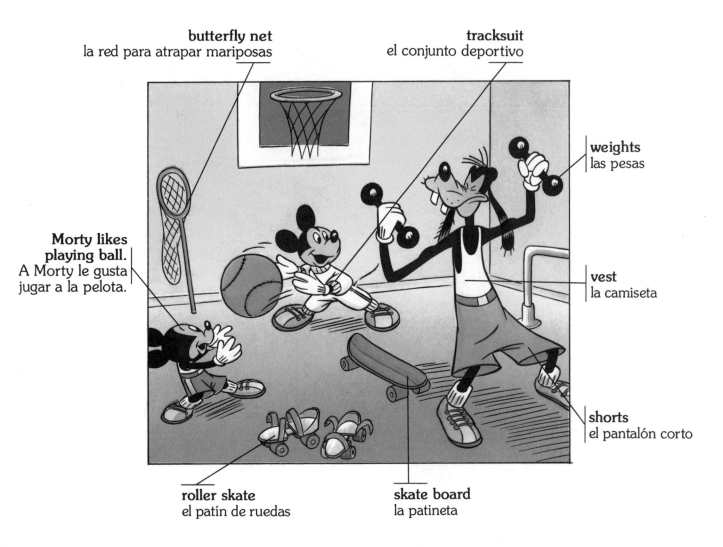

roller skate
el patín de ruedas

skate board
la patineta

They are in the gym.
Ellos están en el gimnasio.

Morty prefers basketball.
Morty prefiere el baloncesto.

- Debo hacer un poco de ejercicio.

– ¡Para ser mariposa es muy fuerte!

– ¿Ya no cazas mariposas?
– No. ¡Es muy peligroso!

table tennis • el ping-pong

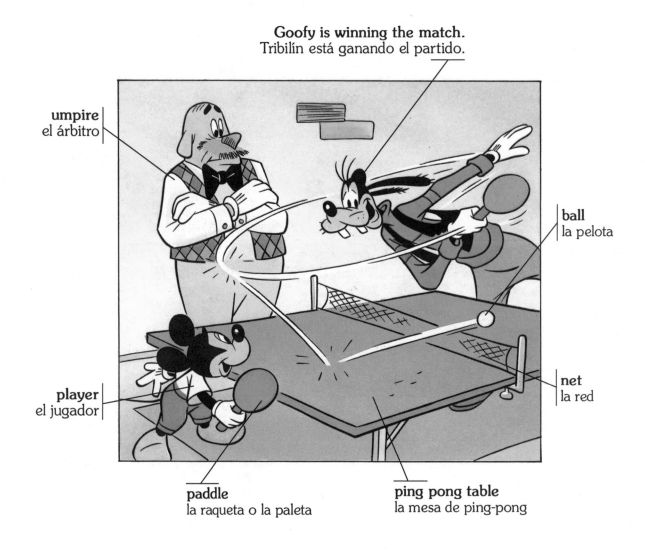

Goofy is winning the match.
Tribilín está ganando el partido.

umpire
el árbitro

ball
la pelota

player
el jugador

net
la red

paddle
la raqueta o la paleta

ping pong table
la mesa de ping-pong

It is match point.
Este es el punto para (ganar) el partido.

– ¡Juegas bien, Tribilín, pero mueves mucho los brazos!
– Me apasiona tanto este juego que no puedo mantenerme quieto.

skiing • el esquí

He can't ski. He fell.
Él no sabe esquiar. Se cayó.

slope
la cuesta o
la pendiente

ski hat
el gorro

snow
la nieve

snowman
el muñeco de nieve

**He is helping
him to stand up.**
Él lo ayuda
a levantarse.

anorak
anorak

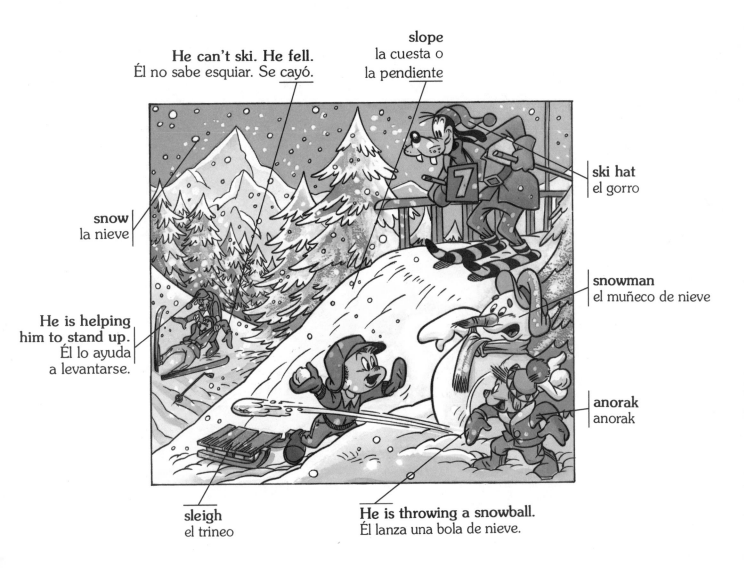

sleigh
el trineo

He is throwing a snowball.
Él lanza una bola de nieve.

It is snowing. It is winter.
Está nevando. Es invierno.

It is cold.
Hace frío.

– ¡Qué lástima que no puedas
participar en la carrera!
– ¡No me alcanza el dinero para los
esquíes!

Almidón

– ¡Debí pensarlo antes!

holidays • las fiestas

Christmas • la Navidad

ball
la esfera de Navidad o el chirimbolo

Santa Claus
Papá Noel o Santa Claus

Christmas tree
el árbol de Navidad

fireplace
la chimenea

garland
la guirnalda

log
el leño

Dewey is admiring his present.
Paco admira su regalo.

Santa Claus has come.
Papá Noel llegó.

– ¡Aquí está el pavo, Donald!

– ¿Pechuga o pata?

the picnic • el día de campo/picnic

sandwich
el sandwich, emparedado
o bocadillo

kite
la cometa, el papalote
o el barrilete

Dewey is smiling.
Paco sonríe.

ant
la hormiga

camera
la cámara fotográfica

**Huey is
taking a photo.**
Hugo está tomando
una foto.

chicken
el pollo

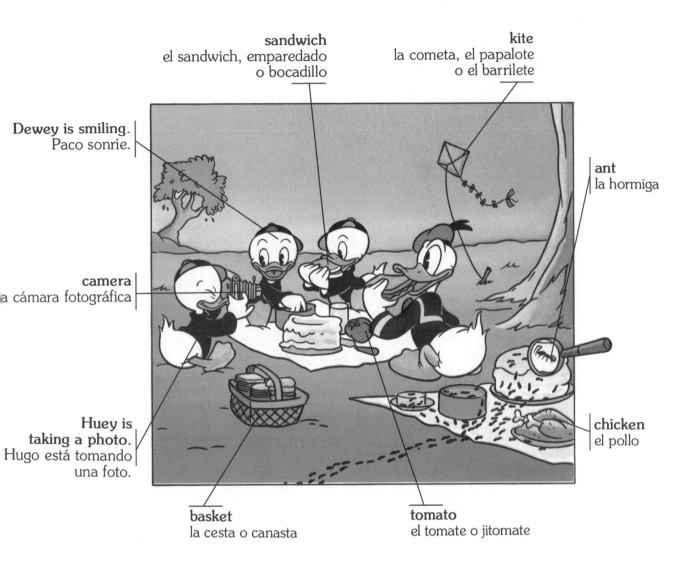

basket
la cesta o canasta

tomato
el tomate o jitomate

It is a cold meal.
Es una comida fría.

It is Sunday. Everyone is having a picnic, even the ants!
Hoy es domingo. Todos fueron de día de campo, ¡hasta las hormigas!

the birthday party • la fiesta de cumpleaños

He is giving him candy.
Él le da un caramelo.

He is giving Louie a present.
Él le entrega un regalo a Luis.

orange juice
el zumo o jugo
de naranja

birthday cake
el pastel o la torta
de cumpleaños

lemonade
la limonada

bar of chocolate
la tableta de chocolate o
la barra de chocolate

lollipop
la paleta o el pirulí

Huey is blowing out the candles on the cake.
Hugo apaga las velitas del pastel.

It is the nephews' birthday.
Es el cumpleaños de los sobrinos.

– Nuestros invitados no han llegado...
– ...a nuestra fiesta de cumpleaños.
– ¿Podemos comer el helado?
– ¡No, esperen un poco más!

– Y ahora...
– ...¿podemos...
– ...comerlo?
– ¡De acuerdo! ¡Pueden hacerlo!

– Pero primero deben
cambiarse de ropa...

Invitación

the circus • el circo

rider
la jinete o la caballista

spectator
el espectador

cage
la jaula

ring
la pista

clown
el payaso

juggler
el malabarista

tamer
el domador

It is the end of the performance.
Éste es el final de la actuación.

The performers are parading.
Los artistas desfilan.

s un apartamento muy bonito,
á en el primer piso, al fondo.
o me conviene. Busco un
artamento que dé a la calle.

e alquila

– ¡Tengo que
darme prisa!

– En el segundo piso,
con vista a la calle...
cuesta 500 dólares al
mes. / Se alquila
– ¡No importa! ¡Quiero
verlo! Se alquila

– Aquí está el cuarto
de estar... Admire este
cuadro del siglo XIV...

Anexos

Verbos irregulares ingleses

B			
	be	was, were	been
	bet	bet	bet
	blow	blew	blown
	build	built	built
	buy	bought	bought

C			
	catch	caught	caught
	choose	chose	chosen
	come	came	come
	cut	cut	cut

D			
	do	did	done
	drink	drank	drunk
	drive	drove	driven

E			
	eat	ate	eaten

F			
	fall	fell	fallen
	fight	fought	fought
	find	found	found
	fly	flew	flown
	forget	forgot	forgotten

G			
	get	got	got
	give	gave	given
	go	went	gone
	grow	grew	grown

H			
	have	had	had
	hear	heard	heard
	hold	held	held

K			
	keep	kept	kept
	know	knew	known

L			
	learn	learned	learned
	leave	left	left
	lend	lent	lent
	lie	lay	lain

M			
	make	made	made
	meet	met	met

P			
	pay	paid	paid
	put	put	put

R			
	read	read	read
	ride	rode	ridden
	ring	rang	rung
	run	ran	run

S			
	say	said	said
	see	saw	seen
	sell	sold	sold
	shine	shone	shone
	show	showed	shown
	sing	sang	sung
	sink	sank	sunk
	sit	sat	sat
	sleep	slept	slept
	smell	smelled	smelled
	speak	spoke	spoken
	stand	stood	stood
	swim	swam	swum

T			
	take	took	taken
	teach	taught	taught
	tell	told	told
	think	thought	thought

U			
	understand	understood	understood

W			
	wake	woke	woken
	wear	wore	worn
	win	won	won
	write	wrote	written

Numerals • Adjetivos numerales

Cardinal numbers • Números cardinales

zero	0	cero	seventy	70	setenta
one	1	uno	seventy-five	75	setenta cinco
two	2	dos	eighty	80	ochenta
three	3	tres	eighty-one	81	ochenta y uno
four	4	cuatro	ninety	90	noventa
five	5	cinco	ninety-one	91	noventa y uno
six	6	seis	one hundred	100	cien
seven	7	siete	one hundred and one	101	ciento uno
eight	8	ocho	one hundred and two	102	ciento dos
nine	9	nueve	one hundred and fifty	150	ciento cincuenta
ten	10	diez	two hundred	200	doscientos
			two hundred and one	201	doscientos uno
			two hundred and two	202	doscientos dos
			one thousand	1 000	mil
			one thousand and one	1 001	mil uno
			one thousand and two	1 002	mil dos
			two thousand	2 000	dos mil
			one million	1 000 000	un millón
			two million	2 000 000	dos millones

eleven	11	once
twelve	12	doce
thirteen	13	trece
fourteen	14	catorce
fifteen	15	quince
sixteen	16	dieciséis
seventeen	17	diecisiete
eighteen	18	dieciocho
nineteen	19	diecinueve
twenty	20	veinte
twenty-one	21	veintiuno
twenty-two	22	veintidós
thirty	30	treinta
forty	40	cuarenta
fifty	50	cincuenta
sixty	60	sesenta

Ordinal numbers
Números ordinales

first	1st	1º	primero
second	2nd	2º	segundo
third	3rd	3º	tercero
fourth	4th	4º	cuarto
fifth	5th	5º	quinto
sixth	6th	6º	sexto
seventh	7th	7º	séptimo
eighth	8th	8º	octavo
ninth	9th	9º	noveno
tenth	10th	10º	décimo
eleventh	11th	11º	undécimo
twelfth	12th	12º	duodécimo
thirteenth	13th	13º	decimotercero
fourteenth	14th	14º	decimocuarto
fifteenth	15th	15º	decimoquinto
sixteenth	16th	16º	decimosexto
seventeenth	17th	17º	decimoséptimo
eighteenth	18th	18º	decimoctavo
nineteenth	19th	19º	decimonoveno
twentieth	20th	20º	vigésimo
twenty-first	21st	21º	vigésimo primero
twenty-second	22nd	22º	vigésimo segundo
thirtieth	30th	30º	trigésimo

What time is it?
¿Qué hora es?

4.00 It is four o'clock.
Son las cuatro.

4.05 It is five (minutes) past four.
Son las cuatro y cinco.

4.15 It is (a) quarter past four.
Son las cuatro y cuarto.

It is twelve o'clock. / It is noon.
Son las doce. / Es mediodía.

4.30 It is half past four. / It is four thirty.
Son las cuatro y media.

4.45 It is (a) quarter to five.
Son las cinco menos cuarto. /
Falta un cuarto para las cinco.

4.50 It is ten to five.
Son las cinco menos diez.
Faltan diez para las cinco.

It is twelve o'clock. / It is midnight.
Son las doce. / Es medianoche.

the date • la fecha

days los días		**months** los meses	
Monday	lunes	**January**	enero
		February	febrero
Tuesday	martes	**March**	marzo
		April	abril
Wednesday	miércoles	**May**	mayo
		June	junio
Thursday	jueves	**July**	julio
		August	agosto
Friday	viernes	**September**	septiembre
		October	octubre
Saturday	sábado	**November**	noviembre
Sunday	domingo	**December**	diciembre

Thursday, May 1st, 1994
(the first of May nineteen ninety-four)
Jueves 1º de mayo de 1994

Friday, May 2nd, 1994
(the second of May , nineteen ninety-four)
Viernes 2 de mayo de 1994

Saturday, May 3rd, 1994
(the third of May nineteen ninety-four)
Sábado 3 de mayo de 1994

Sunday, May 4th, 1994
(the fourth of May nineteen ninety-four)
Domingo 4 de mayo de 1994

Cuadro de pronunciación del inglés

Consonantes

[p] **pe**ncil   *lápiz*
     pep**p**er   *pimienta*

[b] **b**all   *pelota*
     ra**bb**it   *conejo*

[t] **t**en   *diez*
     be**tt**er   *mejor*
     Thomas   *Tomás*

[d] **d**oor   *puerta*
     pu**dd**le   *charco*

[k] **c**ake   *pastel*
     so**ck**   *calcetín*
     an**ch**or   *ancla*
     Christmas   *Navidad*

[g] **g**arden   *jardín*
     lu**gg**age   *equipaje*

[f] **f**arm   *granja*
     o**ff**ice   *oficina*
     photo   *foto*

[s] **s**ea   *mar*
     century   *siglo*
     cro**ss**   *cruce*

[v] Para producir este sonido se ponen los labios como para hacer una **f** y así se hace una **b**.
     lo**v**e   *amor*
     o**f**   *de*

[th] Se pronuncia como una **s**, pero con la lengua entre los dientes.
      thin   *delgado*

[Ð] Se pronuncia como una **d**, pero con la lengua entre los dientes.
     the   *el, la*

[z] Este sonido es como el que haces cuando imitas a una abeja volando (**zzz**).
     no**s**e   *nariz*
     zebra   *cebra*
     pu**zz**le   *rompecabezas*

[sh] Es un sonido como el que se hace cuando se indica ¡silencio! (**shshsh**...).
      di**sh**   *plato*
      sta**ti**on   *estación*
      so**ci**al   *social*
      o**ce**an   *océano*

[y] Pon la boca como para hacer una **sh** y así haz el sonido **y** de *yerno*.
     divi**si**on   *división*
     lei**s**ure   *ocio*

[dy] Haz el sonido [y], pero ponle una **d** antes.
      bri**dg**e   *puente*
      jam   *mermelada*
      ve**g**etables   *vegetales*

[ch] **ch**erry   *cereza*
      pi**c**ture   *retrato*

[h] Este sonido es como la **j** de *jirafa*.
     hand   *mano*
     who   *quién*

[m] **m**an   *hombre*
     su**mm**er   *verano*

[n] **n**est   *nido*
     di**nn**er   *cena*

[N] Es un sonido como el de la **n** cuando imitas el sonido de las campanas (**ding-dong**).
     si**ng**er   *cantante*
     tru**nk**   *tronco*

[l] **l**eg   *pierna*
     do**ll**   *muñeca*

[r]	Este sonido se produce poniendo la lengua como para hacer una **l** y así se pronuncia una **r** como la de *pero*. Cuando se pronuncia muy suave aparece de tamaño pequeño. **r**ent — *alquilar* hu**rr**y — *darse prisa*	[I]	Este sonido es como la **y** de *yoyo*. **y**ellow — *amarillo*
		[w]	Es como la **u** de *güero*. **w**ife — *esposa* s**qu**are — *cuadrado*

Vocales y diptongos

Las vocales del inglés pueden ser cortas o largas; cuando son largas quiere decir que el sonido se prolonga, es como cuando imitas a un ratón y dices ¡ii!

[ii] police — *policía*
sleep — *dormir*
cream — *crema*

[iE] Es una i más una E.
real — *real*
cereal — *cereal*

[i] minute — *minuto*

[e] bed — *cama*

[ei] Es una e más una i como en *peine*.
late — *tarde*
baby — *bebé*

[eE] Es una e más una E.
bear — *oso*
air — *aire*

[æ] Pon la boca como para una a y así haz una e.
cat — *gato*
glad — *contento*

[ai] Es una a más una i como en *aire*.
bike — *bicicleta*
try — *tratar*

[aa] glass — *vaso*
artist — *artista*

[au] Es una a más una u como en *auto*.
house — *casa*
now — *ahora*

[ɔ] Pon la boca como para hacer una o y así haz una a.
body — *cuerpo*
shop — *tienda*

[ɔɔ] ball — *pelota*
automn — *otoño*

[ɔi] es una ɔ más una i.
toy — *juguete*
boil — *hervir*

[ou] Es una o más una u.
soap — *jabón*
snow — *nieve*

[uu] shoe — *zapato*
ruby — *rubí*
zoo — *zoológico*

[Iuu] Es una i más una u doble.
nephew — *sobrino*

[u] put — *poner*
book — *libro*

[uE] es una u más una E.
poor — *pobre*
sure — *seguro*

[eo] Pon la boca como para hacer una e y así haz una o.
bus — *autobús*
son — *hijo*
cousin — *primo*

[E] Este sonido es el de una e débil, como la e de *cafecito*.
mother — *madre*
doctor — *doctor*
parade — *desfile*

[EE] skirt — *falda*
work — *trabajo*

['] Esta rayita indica que la vocal siguiente lleva el acento, es decir, que se pronuncia con mayor intensidad.

Índice

Abreviaturas

adj	adjetivo
adv.	adverbio
f.	femenino
interj.	interjección
inv.	invariable
m.	masculino
n.	nombre
pl.	plural
v.	verbo

Inglés-Español

A

actor, tress ['æktɛr,triz] n.: actor, triz 80
addition [æ'dishen] n.: suma o adición n. f. 28
admire [ɛd'maitr] v.: admirar 90
aeroplane ['ɛɛrplein] n.: avión n. m. 66, 72
be* afraid [bii e'freid]: tener* miedo 10, 69
air hostess [ɛɛr'houstɛs] f.: azafata n. f. 72
airport ['ɛɛrpooʳt] n.: aeropuerto n. m. 72
aisle [aisl] n.: pasillo n. m. 80
alarm clock [ɛ'laarm klɔk]: despertador n. m. 12, 31
a lot [e'lɔt] adv.: mucho 56, 86
a lot (of) [e'lɔt (ɔv)]: mucho, cha 41
always ['ɔɔlwez] adv.: siempre 29
amazing [ɛ'meizin] adj.: sorprendente 69
ambulance ['æmblulɛns] n.: ambulancia n. f. 49
anchor ['ænkeʳ] n.: ancla n. f. 65
angry ['ængri] adj.: furioso, sa 57
animal ['ænimɛl] n.: animal n. m. 68, 69, 76
ankle boot ['ænklɛ buut] n.: botín n. m. 42
anorak ['ænɛræk] n.: anorak n. m. 87
ant [ænt] n.: hormiga n. f. 91
appearance [ɛpiɛrɛns] n.: aspecto físico m. 36
appearances [ɛpiɛɛnsiz] n. pl.: apariencias n. f. pl. 27
apple ['æpl] n.: manzana n. f. 53
arithmetic [ɛrithmɛtik] n.: aritmética n. f. 28
arm [a:ʳm] n.: brazo n. m. 35, 47
armchair [armcheɛʳ] n.: sillón n. m. 11
arrival [ɛ'raivl] n.: llegada n. f. 72
artist ['aartist] n.: artista 77
ask for directions [aask fɔɔʳ daireksens]: preguntar su camino 18
fall* asleep [fɔɔl ɛsliip] v.: dormirse* 62
athlete ['æthlit] n.: atleta 84
at last ['æt'laast] adv.: por fin 30, 62
audience [ɔɔdjens] n.: público n. m. 78
aunt [aant] n. f.: tía 34
autumn ['ɔɔtɛm] n.: otoño n. m. 60

B

baby ['beibi] n.: bebé n. m. 35, 48
babysitter ['beibi siteʳ] n.: niñera n. f. 37
back [bæk] n.: espalda n. f. 46; patio n. m. 93
baker ['beikeʳ] n.: panadero, ra 20
bakery [beikɛri] n.: panadería n. f. 20
balcony ['bælkɛni] n.: balcón n. m. 9
ball [bɔɔl] n.: pelota n. f. 75, 86; esfera de Navidad n. f. 90
banana [bɛ'naanɛ] n.: banana n. f. 53
bangs [bæNs] n.: flequillo n. m. 37
bank [b'ænk] n.: orilla n. f. 64
bannisters ['b'ænistez] n. pl.: barandal n. m. 10
barometer [bɛromiteʳ] n.: barómetro n. m. 67
barrete [bɛ'reot] n.: broche para el cabello 37
basket ['baaskit] n.: cesta n. f. 91
bath [baath] n.: bañera n. f. 15
have* a bath [hævɛ'baath]: tomar un baño 15
bathing suit [beithiNsuut]: traje de baño m. 73
bathrobe ['baathroub] n.: bata n. f. 15
bathroom ['baathruum] n.: cuarto de baño m. 15
be* [bii] v.: ser* 35; estar* 21, 85
beach [biich] n.: playa n. f. 73
beach umbrella [biich eom'brelɛ]: quitasol n. m. 73

bear [beɛʳ] n.: oso n. m. 30, 38
beard [biɛd] n.: barba n. f. 37
beautiful [bluutiful] adj.: hermoso, sa 62; bonito 93
bed [bed] n.: cama n. f. 13
bedroom ['bedruum] n.: dormitorio n. m. 12
bedside table [besaidteibl]: mesita de noche n. f. 12
bee [bii] n.: abeja n. f. 63
be* hungry [bii hoeNgri]: tener* hambre 54
be* late [bii leit]: estar retrasado(a) 22
believe [biliv] v.: creer* 9
belt [belt] n.: cinturón n. m. 41
bench [bench] n.: banca n. f. 81
be* out of work [bii aut ɔv 'wɛɛrk]: estar* sin trabajo 36
best [best] adj.: mejor 29
bet* [bet] v.: apostar* 52
be* thirsty [bii 'thɛɛrsti]: tener* sed 54, 81
better ['beteʳ] adv.: mejor 72
bicycle ['baisikl] n.: bicicleta n. f. 18
big [big] adj.: grande 42; ancho, cha 40
bike [baik] n.: bicicleta n. f. 19
bill [bil]: billete n. m. 21
bird [bɛʳd] n.: pájaro n. m. 61, 62
birthday [bɛʳthdei] n.: cumpleaños n. m. inv. 92
birthday party [bɛʳthdei 'paʳti]: fiesta de cumpleaños f. 92
black [blæk] adj.: negro, gra 29
blackboard [blækbɔʳd] n.: pizarrón n. m. 26
blanket ['blæNkit] n.: manta n. f. 12
blond, blonde [blɔnd] adj.: rubio, a 37
blouse [blauz] n.: blusa n. f. 39
blow* [blou] v.: soplar 65, 92
blue [bluu] adj.: azul 29
boat [bout] n.: barco n. m. 65
body ['bɔdi] n.: cuerpo n. m. 46, 47
bone [boun] n.: hueso n. m. 54
book [buk] n.: libro n. m. 11, 27, 30
boot [buut] n.: bota n. f. 42
bottle [bɔtl] n.: botella n. f. 56
bouquet [bukei] n.: ramo n. m. 63
bow tie [boutai]: corbata de moño f. 39
boy [bɔi] n. m.: muchacho 35
bracelet ['breislit] n.: pulsera n. f.: 43
braid [breid] n.: trenza n. f. 37
branch [braanch] n.: rama n. f. 60
bread [bred] n.: pan n. m. 55
break* [breik] v.: romper* 14
breakfast ['brekfɛst] n.: desayuno n. m. 55
breast [brest] n.: pechuga n. f. 90
breathe* [briith] v.: respirar 49
bridge [bridy] n.: puente n. m. 64
brooch [brouch] n.: broche n. m. 43
brook [bruk] n.: arroyo n. m. 62
brown [braun] adj.: marrón, castaño, café adj. m. inv. 29
brush one's teeth [broesh weons tiith]: cepillarse los dientes 15
build* [bild] v.: construir 64
building ['bildiN] n.: edificio n. m. 18
building block [bildiN blɔk] n.: cubo n. m. 75
bullfighter [bulfaiteʳ] n.: torero n. m. 40
bus [beos] n.: autobús n. m. 23
bus fare ['beosfɛɛʳ]: billete de autobús m. 28
bus stop ['beos stɔp]: parada de autobús f. 23
butcher ['beotcher] n.: carnicero, ra 20
butcher's shop ['beotcher shɔp]: carnicería n. f. 20
butter ['beoteʳ] n.: mantequilla n. f. 55
butterfly ['beotɛflai] n.: mariposa n. f. 85

butterfly net ['beotɛflai net]: red para atrapar mariposas m. 85
buy* [bai] v.: comprar 9, 21, 52
bye! [bai] interj.: ¡hasta luego! 14; ¡hasta la vista! 8

C

cabbage ['kæbidy] n.: col n. f. 52
cabin [kæbin] n.: cabaña n. m. 61
cage [keidy] n.: jaula n. f. 93
cake [keik] n.: pastel n. m. 14, 92
calf pl. **calves** [kaaf, kaavs] n.: ternero n. m. 6
camel ['kæmel] n.: camello n. m. 76
camera ['kæmɛrɛ] n.: cámara fotográfica f. 91
camp [kæmp] v.: ir* de campamento 74
camping ['kæmpiN] n.: campamento n. m. 74
camping car ['kæmpiNkaaʳ]: casa rodante n. 74
can* [kæn] v.: poder* 80
candle [kændl] n.: vela n. f. 92
canoe [ka'nuu] n.: canoa n. f. 64
canvas ['kænvɛs] n.: lienzo n. f. 77
cap [kæp] n.: gorro n. m. 41; gorra n. f. 40
car [kaaʳ] n.: auto n. m. 18, 19
carnation [kar'neishɛn] n.: clavel n. m. 63
car park [kaaʳpaaʳk]: estacionamiento n. m. 1
carriage ['kæridy] n.: vagón n. m. 22
carrot ['kærɛt] n.: zanahoria n. f. 52
cashier [kæ'shiɛʳ] n.: cajero, ra 21
cash register [kæsh 'redyistɛr]: caja registradora n. f. 21
cat [kæt] n.: gato, ta 68
catch* [kæch] v.: atrapar* 76; pescar 64
cause* [kɔɔz] v.: provocar 19
century ['sentluri] n.: siglo n. m. 93
cereal ['siɛriɛl] n.: cereales n. m. pl. 55
chair [chɛɛʳ] n.: silla n. f. 54
champion [chæmpiɛn] n.: campeón, na 84
change [cheindy] n.: cambio n. m. 21
change [cheindy] v.: cambiar 79
cheap [chiip] adj.: barato, ta 21
check [chek] v.: comprobar* 20
checkers [chekɛʳs] n. pl.: juego de damas m. 7
cheek [chiik] n.: mejilla n. f. 48
cheese [chiiz] n.: queso n. m. 56
cherry [cheri] n.: cereza n. f. 53
chess [ches] n.: ajedrez n. m. 75
chestnut ['chesnæt] n.: nuez n. f. 60
chicken ['chikin] n.: pollo n. m. 20, 56, 91
chief [chiif] n.: jefe n. m. 38
child pl. **children** [chaild, 'childrɛn] n.: niño, ña 27; hijo, hija 35
chimney [chmni] n.: chimenea n. f. 9
chin [chin] n.: mentón n. m. 48
chocolate [chaklɛt] n.: chocolate n. m. 92
choose* [chuz] v.: escoger* 69
Christmas ['krismɛs] n.: Navidad n. f. 90
circle [seʳkl] n.: círculo n. m. 30
circus ['serkɛs] n.: circo n. m. 93
clap [klæp] v.: aplaudir 78
class [klas] n.: clase n. f. 26
classroom ['klaasruum] n.: salón de clase n. 26
clean [kliin] adj.: limpio, ia 15
clean up [kliinæp] v.: hacer* la limpieza 34
clearing [kliɛriN] n.: claro del bosque m. 60
clock [klɔk] n.: reloj n. m. 22
close* [klouz] v.: cerrar* 84
closed [klouzd] adj.: cerrado, da 9, 20, 30

othes [klouᴆz] *n. pl.*: ropa *n. f.* **39, 40, 41**
oud [klaud] *n.*: nube *n. f.* **66**
own [klaun] *n.*: payaso *n. m.* **93**
at [kout] *n.*: abrigo *n. m.* **40**
atrack [koutræk] *n.*: perchero *n. f.* **40**
offee [kɔfi] *n.*: café *n. m.* **55**
offee-pot [ˈkɔfipɔt] *n.*: cafetera *n. f.* **55**
in [kɔin] *n.*: moneda *n. f.* **21**
old [kould] *adj.*: frío, ía **74, 87, 91**
olour [ˈkælᴇr] *n.*: color *n. m.* **29**
omb [koum] *n.*: peine *n. m.* **15**
ome* back [ˈkeombæk] *v.*: volver* **64**
omfortable [keomᴇrtᴇbl] *adj.*: cómodo, da **11**
ompetition [kɔmpᴇtishᴇn] *n.*: concurso *n. m.* **79**
oncentrate [ˈkɔnsentreit] *v.*: concentrarse **84**
oncert [kɔnseʳ] *n.*: concierto *n. m.* **78, 79**
onductor [kɔndeoktᴇr] *n.*: director de orquesta *m.* **78**
ook [kuk] *v.*: cocinar **14**
ounter [ˈkauntᴇr] *n.*: mostrador *n. m.* **21**
ountry (side) [koentri (said)] *n.*: campo *n. m.* **62**
ousin [ˈkoezᴇn] *n.*: primo, ma **34, 46**
ow [kau] *n.*: vaca *n. f.* **62**
ream [kriim] *n.*: crema *n. f.* **14**
rocodile [ˈkrɔkᴇdai] *n.*: cocodrilo *n. m.* **69**
ross (the street) [krɔs (ᴆᴇ striit)] *v.*: cruzar* (la calle) **18, 19**
rossroads [krɔsrouds] *n. pl.*: cruce *n. m.* **18**
rosswalk [krɔsˈwɔk] *n.*: paso de peatones *m.* **23**
uckoo clock [ˈkukuu klɔk]: reloj de cu-cú *m.* **31**
up [kæp] *n.*: taza *n. f.* **55**
upboard [kæbᴇrd] *n.*: alacena *m.* **14**
ustoms [keostems] *n. pl.*: aduana *n. f.* **72**
ustoms officer [keostems ˈɔfiseʳ] *n.*: inspector de aduanas **72**
ut* [keot] *v.*: cortar **35**

D

ance [daans] *n.*: baile *n. m.* **39**
ance [daans] *v.*: bailar **79**
angerous [ˈdeindyᴇrᴇs] *adj.*: peligroso, sa **62, 85**
ark [daaʳk] *adj.*: oscuro, ra **10, 29**; moreno, na **37**
aughter [ˈdɔɔtᴇr] *n. f.*: hija **34**
ay [dei] *n.*: día **68**
ecide [diˈsaid] *v.*: decidir **68**
eep [diip] *adj.*: profundo, da **64**
eer [diᴇr] *n. inv.*: ciervo *n. m.* **61**
elicious [dᴇˈlishᴇs] *adj.*: delicioso, sa **56, 60**
eparture [diˈpartlᴇr] *n.*: salida *n. f.* **72**
esk [desk] *n.*: pupitre *n. m.* **26**
ie* [dai] *v.*: morir* **49**
inner [dinᴇr] *n.*: cena *n. f.* **57**
iploma [diploumᴇt] *n.*: diploma *n. m.* **47**
irection [daiˈrekshᴇn] *n.*: dirección *n. f.* **23**
irty [dᴇʳti] *adj.*: sucio, ia **15**
ish [dish] *n.*: fuente *n. f.* **54**; plato *n. m.* **56**
o* the dishes [du ᴆᴇ dishiz]: lavar los platos **14**
ivision [diˈviyᴇn] *n.*: división *n. f.* **28**
octor [dɔktᴇr] *n.*: médico *n. m.* **49**
og [dɔg] *n.*: perro, a **68**
oll [dɔl] *n.*: muñeca *n. f.* **9, 75**
ollar [dɔlᴇr] *n.*: dólar *n. m.* **28, 47**
omino [dᴇminou] *n.*: dominó *n. m.* **75**
oor [dɔɔr] *n.*: puerta *n. f.* **9**
raught-board [draaft bɔɔrd] *n.*: tablero de juego de damas *m.* **75**
rawer [ˈdrɔɔᴇr] *n.*: cajón *n. m.* **41**
rawing room [drɔɔiN ruum]: cuarto de estar *n. m.* **93**
ress [dres] *n.*: vestido *n. m.* **39**

dressing gown [dresiNgaun] *n.*: bata *n. f.* **13**
drink* [driNk] *v.*: beber **55**
drive* [draiv] *v.*: conducir* **23, 62**
drive* mad [draiv mæd]: volver loco **11**
driver [draivᴇr] *n.*: conductor, ra **23**
drums [dreoms] *n. pl.*: batería *n. f.* **79**
duck [deok] *n.*: pato *n. m.* **68**
dynamite [ˈdainᴇmait] *n.*: dinamita *n. f.* **19**

E

eagle [iigl] *n.*: águila *n. f.* **60, 61**
ear [iᴇr] *n.*: oreja *n. f.* **48**
early [ˈᴇᴇrli] *adv.*: temprano **62**
earring [ˈiiᴇriN] *n.*: pendiente *n. m.* **43**
eat* [iit] *v.*: comer **54, 56, 60, 77, 92**
egg [eg] *n.*: huevo *n. m.* **55, 60, 61**
eiderdown [ˈaidᴇdoun] *n.*: edredón *n. m.* **13**
elbow [ˈelbou] *n.*: codo *n. m.* **47**
electric [ˈilᴇktrik] *adj.*: eléctrico, ca **79**
elephant [ˈelifᴇnt] *n.*: elefante *n. m.* **69**
emerald [ˈemᴇrᴇld] *n.*: esmeralda *n. f.* **43**
empty [ˈempti] *adj.*: vacío, ía **30**
empty [ˈempty] *v.*: vaciar **57**
end [end] *n.*: final *n. m.* **93**
engine [endyin] *n.*: locomotora *n. f.* **22**
enthrall [inˈthrɔɔl] *v.*: poner en suspenso **80**
excellent [ˈeksᴇlᴇnt] *adj.*: excelente **26**
expensive [eksˈpensiv] *adj.*: caro, ra **21, 77**
explain [eksˈplein] *v.*: explicar* **63**
explanation [eksplᴇˈneishᴇn] *n.*: explicación *n. f.* **65**
eye [ai] *n.*: ojo *n. m.* **48, 84**
eyebrow [ˈaibrou] *n.*: ceja *n. f.* **48**
eyelash [ˈailæsh] *n.*: pestaña *n. f.* **48**

F

face [feis] *n.*: cara *n. f.* **48**
faithful [ˈfeithful] *adj.*: fiel **68**
fall* [fɔɔl] *v.*: caer* **60, 87**
fall* asleep [fɔɔl ˈsliip] *v.*: dormirse* **62**
family [fæmili] *n.*: familia *n. f.* **34**
famous [ˈfeimᴇs] *adj.*: famoso, sa **38**
farm [faaʳm] *n.*: granja *n. f.* **68**
farmer [faaʳmᴇr] *n.*: granjero, ra **68**
fat [fæt] *adj.*: gordo, da **36**
father [ˈfaaᴅaʳ] *n. m.*: padre **34**
fence [fens] *n.*: cerca o valla *n. m.* **62**
fertilizer [ˈfeʳtilaizᴇr] *n.*: abono *n. m.* **52**
fight* back [ˈfaitbæk] *v.*: defenderse **80**
film [film] *n.*: película *n. f.* **80**
find* [faind] *v.*: encontrar* **39, 60, 61**
finger [fiNger] *n.*: dedo *n. m.* **47**
finish [ˈfinish] *n.*: meta *n. f.* **84**
fire [faiᴇr] *n.*: fuego *n. m.* **74**
fireplace [ˈfaiᴇʳpeis] *n.*: chimenea *n. f.* **90**
fir tree [fᴇᴇʳtrii] *n.*: abeto *n. m.* **64**
first [fᴇᴇʳst] *adj.*: primero, ra, primer **40, 93**
first of all [fᴇᴇst ɔv ɔɔl] *adv.*: primero **92**
fish *pl.* fishes [fish, ˈfishiz] *n.*: pez *n. m.* **64, 76**; pescado *n. m.* **57**
fish bowl [ˈfishboul]: acuario *n. m.* **11**
fisherman *pl.* -men [fishᴇmæn, -men] *n. m.*: pescador, ra **64**
fishing rod [ˈfishiN rɔɔd]: caña de pescar *f.* **64**
flat [flæt] *n.*: departamento *n. m.* **93**
floor [flɔɔr] *n.*: suelo *n. m.* **10, 43**; piso *n. m.* **93**
florist [ˈflɔrist] *n.*: florista **63**
flow [flou] *v.*: fluir* **64**
flower [flauᴇr] *n.*: flor *n. f.* **8, 63**
flute [fluut] *n.*: flauta *n. f.* **78**
fly* [flai] *v.*: volar* **62**
flying saucer [flaiN ˈsɔɔseʳ]: platillo volador *m.* **66**
fog [fɔg] *n.*: niebla, neblina *n. f.* **62**

food [fuud] *n.*: comida *n. f.* **51**
foot *pl.* feet [fut, fiit] *n.*: pie *n. m.* **42, 47**
forbidden [fᴇʳˈbidn] *adj.*: prohibido, da **18**
forehead [ˈfɔrid, ˈfɔɔʳhedl] *n.*: frente *n. f.* **48**
forest [ˈfɔrist] *n.*: bosque *n. m.* **60**
forget* [fᴇʳˈget] *v.*: olvidar **22, 41, 84**
fork [fɔɔʳk] *n.*: tenedor *n. m.* **54**
fountain [ˈfauntain] *n.*: fuente *n. f.* **81**
fridge [fridy] *n.*: nevera *n. f.* **57**
friend [frend] *n.*: amigo, ga **27**
frown [fraun] *v.*: fruncir el entrecejo **46**
fruit [fruut] *n.*: fruta *n. f.* **53**
frying pan [ˈfraiN pæn]: sartén *n. f.* **57**
full [ful] *adj.*: lleno, na **30**
have* fun [hæv feon]: divertirse* **27, 42, 75**

G

game [geim] *n.*: juego *n. m.* **75**; partida *n. f.* **75**
garage [ˈgærady] *n.*: garaje *n. m.* **9**
garbage can [ˈgarbidy kæn] *n.*: cubo de la basura *n. m.* **14**
garden [ˈgaardᴇn] *n.*: jardín *n. m.* **8, 69**
garland [ˈgærlᴇnd] *n.*: guirnalda *n. f.* **90**
gentleman *pl.* -men [dyentlmæn, -men] *n. m.*: señor **23**
get* changed [get ˈcheindy]: cambiarse de ropa **92**
get* dressed [get ˈdresd] *v.*: vestirse* **40**
get* up [get eop]*v.*: levantarse **12**
giraffe [dyiˈræf, -raaf] *n.*: jirafa *n. f.* **69, 76**
girl [gᴇᴇʳl] *n. f.*: niña **23, 35, 37**; chica **39**
give* [giv] *v.*: dar* **92**
glad [glæd] *adj.*: contento, ta **74**
glass [glaas] *n.*: vaso *n. m.* **14, 54**
glasses [ˈglaasiz] *n. pl.*: gafas *n. f.* plural **46**
glitter [ˈglitᴇr] *v.*: brillar **43**
globe [gloub] *n.*: globo terráqueo *n. m.* **30**
go* [gou] *v.*: ir* **20, 39, 57, 76**
goat [gout] *n.*: cabra *n. f.* **62**
gold [gould] *n.*: oro *n. m.* **43**
goldfish [ˈgouldfish] *n.*: pez *n. m.* **11**
good [gud] *adj.*: bueno, buen, buena **29, 79**
go* to bed [gou tu ˈbed]: ir* a acostarse **75**
grandfather [grændfaᴅᴇr] *n. m.*: abuelo **34**
grandmother [grændmeoᴅᴇr] *n. f.*: abuela **34**
grape [greip] *n.*: uva *n. f.* **53**
grass [graas] *n.*: hierba *n. f.* **60**
green [giin] *adj.*: verde **18, 29**
green bean [griinbiin]: judía verde *f.* **52**
grey [grei] *adj.*: gris **29**
grill [gril] *v.*: asar **74**
grocer's shop [ˈgrousᴇrshɔp]: almacén *f.* **20**
on the ground [ɔn ᴆᴇ graund]: en el suelo **27**
grow* [grou] *v.*: crecer* **52**
guard [gaaʳd] *v.*: vigilar **68**
guest [gest] *n.*: invitado, da **40, 92**
guitar [giˈtaaʳ] *n.*: guitarra *n. f.* **74, 79**
gym [dyim] *n.*: gimnasio *n. m.* **85**
gymnastics [dyimˈnæstiks] *n. pl.*: gimnasia *n. f.* **85**

H

hair [hᴇᴇr] *n.*: cabello *n. m.* **35, 37, 48**
half an hour [ˈhaalfᴇniauᴇr]: media hora *n. f.* **35**
hall [hɔɔl] *n.*: pasillo *n. m.* **10**
hand [hænd] *n.*: mano *n. f.* **47**; manecilla *n. f.* **31**
hangar [ˈhæNᴇr] *n.*: hangar *n. m.* **72**
hang* up [hæN eop] *v.*: colgar* **67**
happen [ˈhæpen] *v.*: pasar **76**
happy [ˈhæpi] *adj.*: feliz **35**; contento, ta **30, 31, 38**; alegre **15**
harbour [ˈhaaʳbᴇr] *n.*: puerto *n. m.* **65**
harp [haaʳp] *n.*: arpa *n. f.* **79**
hat [hæt] *n.*: sombrero *n. m.* **40, 80**

head [hed] *n.*: cabeza *n. f.* **46**
have* a bath [hæv ɛ bath]: tomar un baño **15**
have* a headache [hæv ɛ 'hedeik]: tener dolor de cabeza **49**
have* fun [hæv feon]: divertirse* **27, 42, 75**
head [hed] *n.*: cabeza *n. f.* **46**
headlight ['hedlait] *n.*: faro *n. m.* **19**
headmaster [hedmastɛʳ] *n. m.*: director, ra **26**
health [helth] *n.*: salud *n. f.* **49**
heart [haart] *n.*: corazón *n. m.* **49**
heavy ['hevi] *adj.*: pesado, da **22**
hectic ['hektik] *adj.*: agitado, da **66**
hedge [hedy] *n.*: seto *n. m.* **8**
heel [hiil] *n.*: tacón *n. m.* **42**
help [help] *n.*: ayuda *n. f.* **26**
help! [help] *interj.*: ¡auxilio! **72**
help [help] *v.*: ayudar **28, 87**
hen [hen] *n.*: gallina *n. f.* **68**
henhouse ['henhaus] *n.*: gallinero *n. m.* **68**
hero [hiarou] *n.*: héroe *n. m.* **80**
hide* [haid] *v.*: esconderse **76**
hippopotamus *pl.* -muses, -mi [hipɛ'potɛmɛs, -mɛsiz, mai] *n.*: hipopótamo *n. m.* **69**
hips [hips] *n.*: caderas *n. f. pl.* **46**
hold* [hould] *v.*: llevar **35**
holiday ['holidei] *n.*: fiesta *n. f.* **89**
holidays ['holideiz] *n. pl.*: vacaciones *n. f. pl.* **22, 73**
homework [houmwɛɛrk] *n.*: deberes *n. m. pl.* **28**
honey [heoni] *n.*: miel *n. f.* **55**
hoot [huut] *v.*: tocar el claxon **19**
hope [houp] *v.*: esperar **29**
horse [hɔɔrs] *n.*: caballo *n. m.* **68**
hospital ['hɔspitɛl] *n.*: hospital *n. m.* **49**
hour [auɛʳ] *n.*: hora *n. f.* **31, 35**
house [haus] *n.*: casa *n. f.* **7, 9, 10, 67, 68**
house plant [haus plaant]: planta de interior *f.* **63**
human [hluumɛn] *adj.*: humano, na **45**
be* hungry [bii 'heoNgri]: tener* hambre **54**
hunt [heont] *v.*: cazar **38**
hurry ['heori] *v.*: darse* prisa **93**
husband [heozbɛnd] *n. m.*: esposo **34**

I

ice cream [aiskriim]: helado *n. m.* **92**
idea [ai'diiɛ] *n.*: idea *n. f.* **66, 68**
impossible [im'pɔsibl] *adj.*: imposible **9**
Indian ['indiɛn] *n.*: Indio, ia **64**
Indian ['indiɛn] *adj.*: indio, ia **38**
influence ['influɛns] *n.*: influencia *n. f.* **26**
injection [in'dyekshen] *n.*: inyección *n. f.* **49**
inkwell ['inkwel] *n.*: tintero *n. m.* **30**
instrument ['instrumɛnt] *n.*: instrumento *n. m.* **79**
invitation [invi'teishen] *n.*: invitación *n. f.* **92**
invite [in'vait] *v.*: invitar **38**

J

jacket [dyækit] *n.*: chaqueta *n. f.* **39, 40**
jam [dyæm] *n.*: mermelada *n. f.* **55**
jeans [dyiinz] *n. pl.*: pantalón vaquero *n. m.* **40**
jetty [dyeti] *n.*: escollera *n. f.* **65**
jewellery ['dyuuɛlei] *n.*: joyas *n. f. pl.* **43**
job [dyɔb] *n.*: trabajo *n. m.* **29**
juggler [dyeoglɛʳ] *n.*: malabarista **93**
juice [dyuus] *n.*: zumo o jugo *n. m.* **92**
jump [dyoemp] *v.*: saltar **76, 84**

K

kangaroo [kæNgɛ'ruu] *n.*: canguro *n. m.* **76**

keep* one's mouth shut [kiip weons mauth shoet]: callarse **38**
kennel ['kenɛl] *n.*: casilla *n. f.* **68**
key [kii] *n.*: llave *n. f.* **9**
kilo [kiilou] *n.*: kilo *n. m.* **20**
kitchen [kichen] *n.*: cocina *n. f.* **14, 57**
kite [kait] *n.*: cometa *n. f.* **66, 91**
knee [nii] *n.*: rodilla *n. f.* **47**
knife *pl.* **knives** [naif, naivz] *n.*: cuchillo *n. m.* **54**
know* [nou] *v.*: saber* **29, 41, 60**

L

ladle ['leid] *n.*: cucharón *n. m.* **57**
lady ['leidi] *n. f.*: señora **23, 46**
lamp [læmp] *n.*: lámpara *n. f.* **12**
land [lænd] *v.*: aterrizar* **72**
landscape [lændskeip] *n.*: paisaje *n. m.* **62**
late [leit] *adv.*: tarde **13, 29**
be* late [bii leit]: estar atrasado **22**
lawn [lɔɔn] *n.*: césped *n. m.* **8**
lawn mower [lɔɔnmower]: podadora *n. m.* **8**
leaf *pl.* **leaves** [liif, liivz] *n.*: hoja *n. f.* **60**
learn* [lɛɛrn] *v.*: aprender **27, 30**
leave* [liiv] *v.*: dejar **54**
leek [liik] *n.*: puerro *n. m.* **52**
leg [leg] *n.*: pierna *n. f.* **47**; muslo *n. m.* **90**; pata *n. f.* **56**
leisure [leyɛʳ] *n.*: ocio *n. m.* **71**
lemonade [lemɛ'neid] *n.*: limonada *n. f.* **92**
let* [let] *v.*: dejar **13**
lettuce ['letis] *n.*: lechuga *n. f.* **52**
light [lait] *n.*: luz *n. f.* **10**
light [lait] *adj.*: claro, ra **29**
(traffic) light [('træfik) lait] *n.*: semáforo *n. m.* **18**
lighthouse [laithaus] *n.*: faro *n. m.* **65**
lightning [laitiN] *n.*: relámpago *n. m.* **67**
like [laik] *v.*: gustarle a uno **57**
lion [laiɛn] *n.*: león, na **69**
listen [lisɛn] *v.*: escuchar **30**
live [liv] *v.*: vivir **9**
lock [lɔk] *n.*: cerradura *n. f.* **9**
log [lɔg] *n.*: leño *n. m.* **90**
lollipop [lɔlipɔp] *n.*: paleta *n. m.* **92**
long [lɔN] *adj.*: largo, ga **37, 69**
look after [luk'aaftɛʳ] *v.*: cuidar **49**
look for [luukfɔɔʳ] *v.*: buscar **93**
lorry ['lɔri] *n.*: camión *n. m.* **23**
love [leov] *v.*: querer* **8**
lovely [leovli] *adj.*: hermoso, sa **53**; bonito, ta **9, 31, 39**
luck [leok] *n.*: suerte *n. f.* **31**
luggage [leogidy] *n.*: equipaje *n. m.* **22**
lunch [leonch] *n.*: almuerzo *n. m.* **56**
be* lying down [bii laiN daun] estar* acostado, da **47**

M

magic [mædyik] *adj.*: mágico, ca **52**
man *pl.* **men** [mæn, men] *m.*: hombre **35**
marble [maarbl] *n.*: canica *n. f.* **27**
masseur, euse [mæ'seʳ, mæ'sɛɛz] *n.*: masajista **47**
masterpiece ['maasterpiis] *n.*: obra maestra *f.* **77**
mattress ['mætris] *n.*: colchón *n. m.* **12**
meadow ['medou] *n.*: pradera *n. f.* **62**
meal [miil] *n.*: comida *n. f.* **91**
meat [miit] *n.*: carne *n. f.* **56, 74**
medal ['medɛl] *n.*: medalla *n. f.* **84**
medicine ['medsin] *n.*: medicamento *n. f.* **14, 49**
mess [mes] *n.*: desorden *n. m.* **34**

microphone [maikrɛfoun] *n.*: micrófono *n. m.* **79**
milk [milk] *n.*: leche *n. f.* **21, 55**
minute ['minet] *n.*: minuto *n. m.* **31**
mirror ['mirɛʳ] *n.*: espejo *n. m.* **15**
make* a mistake [meik ɛ mis'teik]: equivocarse **28**
mobile ['moubail] *n.*: móvil *n. m.* **75**
money ['meoni] *n.*: dinero *n. m.* **21**
monkey ['meoNki] *n.*: mono *n. m.* **69**
month [meonth] *n.*: mes **93**
moon [muun] *n.*: luna *n. f.* **66**
morning [mɔrniN] *n.*: mañana *n. f.* **52, 62**
moth [mɔth] *n.*: polilla *n. f.* **41**
mother [meoðɛʳ] *n. f.*: madre **34, 35**
motorcycle ['moutɛsaiky] *n.*: motocicleta *n. f.* **23**
mountain ['mauntin] *n.*: montaña *n. f.* **61**
mountain goat ['mauntin gout] *n.*: cabra de monte *n. f.* **61**
mountain stream ['mauntin striim]: torrente *n. m.* **61**
moustache [mɛs'taash] *n.*: bigote *n. m.* **37**
mouth [mauth] *n.*: boca *n. f.* **48**
movie ['muuvi] *n.*: cine *n. m.* **80**
multiplication [meoltipli'keishɛn] *n.*: multiplicación *n. f.* **28**
muscled [meosld] *adj.*: musculoso, sa **47**
museum [mluu'ziɛm] *n.*: museo *n. m.* **61**
mushroom ['meoshrum] *n.*: hongo *n. f.* **60**
music ['mluuzik] *n.*: música *n. f.* **78, 79**
musician [mluu'zishɛn] *n.*: músico, ca **79**

N

napkin ['næpkin] *n.*: servilleta *n. f.* **54**
narrow ['nærou] *adj.*: estrecho, cha **10**
nature [neitlur] *n.*: naturaleza *n. f.* **59**
neck [nek] *n.*: cuello *n. m.* **46, 69**
necklace ['neklis] *n.*: collar *n. m.* **43**
need [niid] *v.*: necesitar **36**
nephew ['nefIu] *n. m.* sobrino *n. m.* **55, 92**
nest [nest] *n.*: nido *n. m.* **60**
net [net] *n.*: red *n. f.* **86**
new [nIuu] *adj.*: nuevo, va **39, 69**
nice [nais] *adj.*: amable **38**
niece [niis] *n. f.*: sobrina *n. f.* **37**
night [nait] *n.*: noche *n. f.* **66**
nightcap [naitkæp] *n.*: gorro de dormir *n. m.*
nose [nouz] *n.*: nariz *n. f.* **48**
notebook ['noutbuk]: cuaderno *n. m.* **28**
now [nau] *adv.*: ahora **66, 72, 92**
number ['nɔmbɛr] *n.*: número *n. f.* **28**
nurse [nɛɛrs] *n.*: enfermera *n. f.* **49**

O

okay! ['ou'kei] *interj.*: ¡de acuerdo! **92**
old [ould] *adj.*: viejo, ja **36**
omelet ['ɔmelit] *n.*: tortilla de huevo *n. f.* **60**
onion ['eonIɛn] *n.*: cebolla *n. f.* **52**
open ['oupen] *adj.*: abierto, ta **30**
orange ['ɔriny] *n.*: naranja *n. f.* **53, 92**
orange ['ɔriny] *adj.*: anaranjado *adj. m. inv.* **2**
orchestra ['ɔrkistrɛ] *n.*: orquesta *n. f.* **78**
ostrich [ɔs'trish] *n.*: avestruz *n. m.* **76**
other ['eoðɛr] *adj.*: otro, tra **76**
be* out of work [bii aut ɔv 'wɛɛrk]: estar* sin trabajo **36**
oven [ouvɛn] *n.*: horno *n. m.* **14**
owl [aul] *n.*: búho *n. f.* **66**

P

paddle [pædl] n.: raqueta n. f. 86
page [peidy] n.: página n. f. 26
paint [peint] v.: pintar 77
paint brush [peint 'broesh]: pincel n. m. 77
painting ['peintiN] n.: pintura n. f. 77; cuadro n. m. 77, 93
palette [pælit] n.: paleta n. f. 77
palm tree ['paamtrii]: palmera n. f. 73
paper [peipɛr] n.: papel n. m. 77
paper [peipɛr] v.: empapelar 69
parade [pɛ'reid] v.: desfilar 93
parcel ['parsel] n.: paquete n. m. 19
park [park] n.: parque n. m. 81
park [park] v.: estacionar 18
part [part] n.: parte n. f. 47
passenger ['pæɛsndyɛr] n.: pasajero, ra 23
passport [paasport] n.: pasaporte n. m. 72
path [paath] n.: sendero n. f. 8
pay* [pei] v.: pagar* 21
pea [pii] n.: guisante n. m. 52
peach [piich] n.: melocotón n. m. 53
peak [piik] n.: cumbre n. f. 61
pear [pɛr] n.: pera n. f. 53
pearl [pɛrl] n.: perla n. f. 43
pebble [pebl] n.: guijarro n. m. 64
pedestrian [pi'destriɛn] n.: peatón n. m. 19
peg [peg] n.: perchero n. m. 41
pen [pen] n.: bolígrafo n. m. 28
pencil ['pensɛl] n.: lápiz n. m. 77
penguin ['peNgwin] n.: pingüino n. m. 76
people [piipl] n.: gente n. f. 33
pepper [pepɛr] n.: pimienta n. f. 54
performance [pɛrfɔmɛns] n.: actuación n. m. 93
performer [pɛrformɛr] n.: artista 93
perhaps [pɛr'hæps] adv.: tal vez 49
personality [pɛrsɛnæliti] n.: personalidad n. f. 38
petal ['petel] n.: pétalo n. m. 63
petticoat ['petikout] n.: enaguas n. f. pl. 39
photo ['foutou] n.: foto n. f. 46, 91
take* a photo [teik ɛ foutou]: sacar una foto 46, 91
phone booth [founbuth]: cabina telefónica f. 19
piano [pi'ænou] n.: piano n. m. 78
pick up ['pikeop] v.: ir* a buscar 37
picnic ['piknik] n.: día de campo n. m. 91
pig [pig] n.: cerdo n. m. 62, 68
pillow [pilou] n.: almohada n. f. 13
pineapple ['painæpl] n.: piña, ananá n. f. 53
pink [piNk] adj.: rosa adj. m. inv. 29
plane [plein] n.: avión n. m. 72
plant [plaant] n.: planta n. f. 52, 63
plant [plaant] v.: plantar 8
plate [pleit] n.: plato n. m. 14, 54
platform [plættfɔrm] n.: andén n. m. 22
play [plei] v.: jugar* 27, 75, 85, 86; tocar 78
player [pleiɛr] n.: jugador, ora 86
playground ['pleigraund] n.: patio n. m. 27
playroom ['plairuum] n.: cuarto de juego f. 75
playtime ['pleitaim] n.: recreo n. m. 27
pocket money ['pɔkitmeoni]: mesada n. f. 28
podium pl. -dia ['poudiɛm, -diɛ] n.: podio n. m. 84
police [pɛ'liis] n.: policía n. f. 65
policeman pl. -men [pɛlismæn, -men] n. m.: policía 18
polite [pɛ'lait] adj.: bien educado, da 38
pump [peomp]: zapato de tacón alto n. m. 42
pond [pɔnd] n.: estanque n. f. 68
ponytail ['pouniteil] n.: cola de caballo f. 37
poor [puɛr] adj.: pobre 38, 77
portrait ['portreit] n.: retrato n. m. 77
postman pl. -men [poustmæn, -men] n. m.: cartero 18
post office [poust'ɔfis]: correos n. m. pl. 18
potato [pɛteitou] n.: papa n. f. 52
practical [ptæktikɛl] adj.: práctico, ca 55

present ['prezent] n.: regalo 90, 92
price [prais] n.: precio n. m. 9
projector [prɛ'dyectɛr] n.: proyector n. m. 80
puddle [peodl] n.: charco n. m. 67
pullover ['pulouver] n.: suéter n. m. 41
pumpkin ['peomkin] n.: calabaza n. f. 52
pupil ['pluupil] n.: alumno, na 26
purple ['pɛrpl] adj.: morado, da 29
purse [pɛrs] n.: monedero n. m. 21
put* [put] v.: poner* 27
puzzle [peozl] n.: rompecabezas n. m. inv. 75
pyjamas [pɛ'dyaamɛs] n. pl.: piyama n. m. 13

Q

question ['kweschɛn] n.: pregunta n. f. 27
quickly [kwuikli] adv.: de prisa 69

R

rabbit ['ræbit] n.: conejo n. m. 62
race [reis] n.: carrera n. f. 84
radish ['rædish] n.: rábano n. m. 52
rain [rein] n.: lluvia n. f. 52, 67
rain [rein] v.: llover* 52
raincoat [reinkout] n.: gabardina n. f. 40, 67
raise [reiz] n.: aumento n. m. 28
rake [reik] n.: rastrillo n. m. 8
read* [riid] v.: leer* 11
real [riɛl] adj.: verdadero, ra 57, 64
really ['riɛli] adv.: verdaderamente 77; realmente 55
record [ri'kɔrd] n.: disco n. m. 37
rectangle ['rektæNgl] n.: rectángulo n. m. 30
red [red] adj.: rojo, ja 29
red-haired [red'dɛɛd] adj.: pelirrojo, ja 37
rent [rent] v.: alquilar 9, 93
rice [rais] n.: arroz n. m. 56
rich [rich] adj.: rico, ca 38
ride* a horse [raid ɛ 'hɔɔrs]: montar a caballo 68
rider ['raider] n.: jinete 93
ring [riNg] n.: anillo n. m. 43; pista n. f. 93
ring* [riNg] v.: sonar* 12, 31
ripe [raip] adj.: maduro, ra 53
river [revɛr] n.: río n. m. 64
road sign ['roudsain]: señal de tránsito f. 23
roll [roul] v.: rodar* 43
roller skate ['roulerskeit]: patín de ruedas m. 85
roof [ruuf] n.: tejado n. m. 9, 68
rooster ['rɔɔstɛr] n.: gallo n. m. 68
rose [rouz] n.: rosa n. f. 63
round [raund] adj.: redondo, da 30
rubber ['reobɛr] n.: goma de borrar n. f. 77
rubber ring ['reobɛr-riN]: salvavidas n. f. 73
ruby ['roubi] n.: rubí n. m. 43
rucksack ['reoksæk] n.: mochila n. f. 74
rug [reog] n.: alfombra n. f. 12
ruler ['ruulɛr] n.: regla n. f. 77
run* [reon] v.: correr 27, 69, 84
runway ['reonwei] n.: pista n. f. 72

S

sidewalk ['saidwak] n.: acera n. f. 18
sail [seil] n.: vela n. f. 65
sale [seil] n.: ofertas n. f. pl. 31
salesperson [sailz'pɛɛrson] n.: vendedor, ra 21
salt [sɔlt] n.: sal n. f. 54
sand [sænd] n.: arena n. f. 73
sandal [sændɛl] n.: sandalia n. f. 47
sand castle [sæncaastl]: castillo de arena m. 73
sandwich [sænwich] n.: sandwich n. m. 91

saucepan ['sɔɔspɛn] n.: cacerola n. f. 14
saxophone ['sæksɛfoun] n.: saxofón n. m. 79
say* [sei] v.: decir* 42
school [skoul] n.: escuela n. f. 25, 26, 27, 30
schoolbag [skoulbag] n.: mochila n. f. 28
schoolteacher ['skoultiicher] n.: maestro, tra 26
scream [skriim] v.: gritar 80
screen [skriin] n.: pantalla n. f. 80
sea [sii] n.: mar n. m. 65
seagull ['siiigeol] n.: gaviota n. f. 66
seat [siit] n.: butaca n. f. 80
second ['sekɛnd] n.: segundo n. m. 31
second ['sekɛnd] adj.: segundo, da 93
see* [sii] v.: ver* 34, 46, 52, 53, 56, 67, 76, 80
see you soon! [sii Iu suun] interj.: ¡hasta pronto! 8, 22
sell* [sel] v.: vender 9, 21
shampoo [shæmpuu] n.: champú n. m. 15
shape [sheip] n.: forma n. f. 30
sheet [shiit] n.: sábana n. f. 12
shelf pl. shelves [shelf, shelvz] n.: estante n. m. 14
shell [shel] n.: caparazón n. f. 73
shelter ['sheltɛr] v.: refugiarse 67
shine* [shain] v.: brillar 66; lucir* 73
ship [ship] n.: buque n. m. 65
shirt [shɛrt] n.: camisa n. f. 41
shoe [shu] n.: zapato n. m. 42, 67
shoelace ['shuuleis] n.: cordón n. m. 42
shoes [shuuz] n. pl.: calzado n. m. 42
shop [shɔp] n.: tienda n. f. 20
shop [shɔp] v.: ir* de compras 20
short [shɔɔrt] adj.: corto, ta 37, 40
shorts [shɔɔrts] n. pl.: pantalón corto m. 85
shoulder [shoudɛr] n.: hombro n. m. 46
shovel [shovɛl] n.: pala n. f. 8
show* [shou] v.: presentar 72; marcar 31
show* the way [shou ðɛ 'wei]: indicar* el camino 18
shutter [sheotɛr] n.: postigo n. f. 9
sick [sik] adj.: enfermo, ma 49
singer [siNɛr] n.: cantante 79
sing* out of tune [siN aut ɛv tIun]: cantar desafinado 79
sink [siNk]: lavabo n. m. 15
sink [siNk] n.: fregadero n. m. 14
sink* [siNk] v.: hundirse 64
be* sitting down [bii sitiN 'daun]: estar* sentado, da 11
sitting-room ['sitiNruum] n.: cuarto de estar m. 11, 69
skate board [skeitbɔɔrd]: patineta n. m. 85
ski [ski] n.: esquí n. m. 87
ski [ski] v.: esquiar 87
ski hat [ski hæt]: gorro n. m. 87
skiing [skiiN] n.: esquí n. m. 87
skirt [skɛrt] n.: falda n. f. 40
sky [skai] n.: cielo n. m. 66
sleep* [sliip] v.: dormir* 13, 74
sleeping bag ['sliipiNbæg]: saco de dormir m. 74
sleepwalker ['sliipwɔɔlker] n.: sonámbulo, la 57
sleigh [slei] n.: trineo m. 87
slide [slaid] n.: tobogán n. m. 81
slide* [slaid] v.: deslizar 81
slipper [sliipɛr] n.: zapatilla n. f. 41
slope [sloup] n.: pista n. f. 87
small [smɔɔl] adj.: bajo, ja 36
smart [smaart] adj.: elegante 39
smile [smail] v.: sonreír* 91
smock [smɔk] n.: delantal n. m. 77
smoke [smouk] n.: humo n. m. 74
snake [sneik] n.: serpiente n. f. 69
sneakers ['sniiker] n.: tenis n. m. 42
snow [snou] n.: nieve n. f. 87
snow [snou] v.: nevar* 87
snowball [snoubɔɔl] n.: bola de nieve f. 87
snowman pl. -men [snoumæn, -men] n. m.: muñeco de nieve 87
soap [soup] n.: jabón n. m. 15

Español-Inglés

A

beja *n. f.*: bee **63**
beto *n. m.*: fir tree **64**
bierto, ta *adj.*: open **30**
bono *n. m.*: fertilizer **52**
brigo *n. m.*: coat **40**
brir* *v.*: open **84**
buela *n. f.*: grandmother **34**
buelo *n. m.*: grandfather **34**
cera *n. f.*: pavement **18**
star* acostado be* lying down **47**
ctor, triz *n.*: actor, tress **80**
cuario *n. m.*: fish bowl **11**
dmirar *v.*: admire **90**
duana *n. f.*: customs *n. pl.* **72**
eropuerto *n. m.*: airport **72**
gitado, da *adj.*: hectic **66**
gua *n. f.*: water **57**
guila *n. f.* eagle **60, 61**
guja *n. f.*: hand **31**
hora *adv.*: now **66, 72, 92**
jedrez *n. m.*: chess **75**
la *n. f.*: breast **90**
lacena *f.*: cupboard **14**
legre *adj.*: happy **15**
lfombra *n. f.*: rug **12**
lmacén *f.*: grocer's shop **20**
lmidón *n. m.*: starch **87**
lmohada *n. f.*: pillow **13**
lmuerzo *n. m.*: lunch **56**
lquilar *v.*: rent **9, 93**
lto, ta *adj.*: tall **36**
lumno, na *n.*: pupil **26**
mable *adj.*: nice **38**
marillo, lla *adj.*: yellow **29**
mbulancia *n. f.*: ambulance **49**
migo, ga *n.*: friend **27**
ncla *n. f.*: anchor **65**
ncho, cha *adj.*: big **40**
ndén *n. m.*: platform **22**
nillo *n. m.*: ring **43**
nimal animal, **68, 69, 76**
norak *n. m.*: anorak **87**
pariencias *n. f. pl.*: appearances *n. pl.*: **27**
plaudir *v.*: clap **78**
postarse* *v.*: bet* **52**
prender *v.*: learn* **27, 30**
rbitro, tra *n.*: umpire **86**
rbol *n. m.*: tree **8, 60, 90**
rdilla *n. f.*: squirrel **60**
rena *n. f.*: sand **73**
ritmética *n. m.*: arithmetic **28**
rpa *n. f.*: harp **79**
rroyo *n. m.*: brook **62**
rroz *n. m.*: rice **56**
rtista *n.*: artist **77**; performer **93**
sar *v.*: grill **74**
specto físico *m.*: appearance **36**
terrizar* *v.*: land **72**
tleta *n.*: athlete **84**
trapar* *v.*: catch* **76**
umento *n. m.*: raise **28**
uto *n. m.*: car **18, 19**
utobús *n. m.*: bus **23**
uxilio! *interj.*: help! **72**
vestruz *n. m.*: ostrich **76**
vión *n. m.*: (aero)plane **66, 72**
yuda *n. f.*: help **26**
yudar *v.*: help **28, 87**
zafata *n. f.*: air hostess **72**

azúcar *n. m.*: sugar **21, 55**
azucarero *n. m.*: sugar dipenser **55**
azul *adj.*: blue **29**

B

bailar *v.*: dance **79**
baile *n. m.*: dance **39**
bajo, ja *adj.*: small **36**
balcón *n. m.*: balcony **9**
balón *n. m.*: ball **85**
banco *n. m.*: bench **81**
bañera *n. f.*: bath **15**
tomar un baño *v.*: have* a bath **15**
barandal *n. f.*: bannisters *n. pl.* **10**
barato, ta *adj.*: cheap **21**
barba *n. f.*: beard **37**
barbilla *n. f.*: chin **48**
barco *n. m.*: boat **65**
barómetro *n. m.*: barometer **67**
barriga *n. f.*: stomach **46**
bata *n. f.*: dressing gown **13**; bathrobe **15**
batería *n. f.*: drums *n. pl.* **79**
bebé *n.*: baby **35, 48**
beber *v.*: drink* **55**
bicicleta *n. f.*: bicycle **18**; bike **19**
bien *adv.*: well **34, 77, 86**
bien educado, da *adj.*: polite **38**
bigote *n. m.*: moustache **37**
billete *n. m.*: bank note **21**
billete de autobús *m.*: bus fare **28**
blanco, ca *adj.*: white **29**
blusa *n. f.*: blouse **39**
boca *n. f.*: mouth **48**
bola *n. f.*: ball **90**
bola de nieve *f.*: snowball **87**
bolígrafo *n. m.*: pen **28**
bonito, ta *adj.*: lovely **9, 31, 39**; beautiful **93**
bosque *n. m.*: forest **60**
bostezar* *v.*: yawn **13**
bota *n. f.*: boot **42**
botella *n. f.*: bottle **56**
botín *n. m.*: ankle boot **42**
brazo *n. m.*: arm **35, 47**
brillar *v.*: shine* **66**; glitter **43**
broche *n. m.*: brooch **43**
bueno, buen, buena *adj.*: good **29, 79**
buque *n. m.*: ship **65**
buscar *v.*: look for **93**
ir* a buscar: pick up **37**
butaca *n. f.*: seat **80**

C

caballo *n. m.*: horse **68**
cabaña *n. f.*: chalet **61**
cabellos *n. m. pl.*: hair **37**
cabeza *n. f.*: head **46**
cabina telefónica *f.*: telephone kiosk **19**
cabra *n. f.*: goat **62**; chamois **61**
caderas *n. f. pl.*: bottom **46**
caer* *v.*: fall* **60**
caerse* *v.*: fall* **87**
café *n. m.*: coffee **55**
cafetera *n. f.*: coffee-pot **55**
caja *n. f.*: cash register **21**
cajero, ra *n.*: cashier **21**
cajón *n. m.*: drawer **41**

calabaza *n. f.*: pumpkin **52**
calcetín *n. m.*: sock **41**
calentarse *v.*: warm oneself **74**
calzado *n. m.*: shoes *n. pl.* **42**
callarse *v.*: keep* one's mouth shut **38**
calle *n. f.*: street **18, 93**
cama *n. f.*: bed **13**
cámara fotográfica *f.*: camera **91**
cambiar *v.*: change **79**
cambiarse de ropa *v.*: get* changed **92**
cambio *n. f.*: change **21**
camello *n. m.*: camel **76**
camino *n. m.*: track **61**
camión *n. m.*: lorry **23**
camisa *n. f.*: shirt **41**
camiseta *n. f.*: tee-shirt **41**; vest **85**
campeón, na *n.*: champion **84**
camping *n. m.*: camping **74**
ir* de camping *v.*: camp **74**
campo *n. m.*: country (side) **62**
canguro *n. m.*: kangaroo **76**
canica *n. f.*: marble **27**
canoa *n. f.*: canoe **64**
cansado, da *adj.*: tired **13**
cantante *n.*: singer **79**
caña de pescar *f.*: fishing rod **64**
caparazón *n. f.*: shell **73**
cara *n. f.*: face **48**
caramelo *n. m.*: sweet **28, 92**
carne *n. f.*: meat **56, 74**
carnicería *n. f.*: butcher's shop **20**
carnicero, ra *n.*: butcher **20**
caro, ra *adj.*: expensive **21, 77**
carrera *n. f.*: race **84**
cartera *n. f.*: wallet **21**; satchel **28**
cartero *n. m.*: postman **18**
casa *n. f.*: house **9, 10, 67, 68**
casa rodante *n. m.*: camping car **74**
casilla *n. f.*: kennel **68**
castillo de arena *m.*: sand castle **73**
cautivar *v.*: enthrall **80**
cazar *v.*: hunt **38**
cazuela *n. f.*: saucepan **14**
cebolla *n. f.*: onion **52**
cebra *n. f.*: zebra **69, 76**
ceja *n. f.*: eyebrow **48**
cena *n. f.*: dinner **57**
cepillarse los dientes *v.*: brush one's teeth **15**
cepillo de dientes *m.*: toothbrush **15**
cerca *n. m.*: fence **62**
cerdo *n. m.*: pig **62, 68**
cereales *n. m. pl.*: cereal **55**
cereza *n. f.*: cherry **53**
cerrado, da *adj.*: closed **9, 20, 30**
cerradura *n. f.*: lock **9**
cerrar* *v.*: close* **84**
césped *n. m.*: lawn **8**
cesta *n. f.*: basket **91**
champú *n. m.*: shampoo **15**
chaqueta *n. f.*: jacket **39, 40**
charca *n. f.*: pond **68**
charco *n. m.*: puddle **67**
chica *n. f.*: girl **39**
chimenea *n. f.*: fireplace **90**; chimney **9**
chocolate *n. m.*: chocolate **92**
cielo *n. m.*: sky **66**
ciervo *n. m.*: deer **61**; stag **76**
cifra *n. f.*: figure **28**
cine *n. m.*: cinema **80**
cinturón *n. m.*: belt **41**
circo *n. m.*: circus **93**
círculo *n. m.*: circle **30**